DIETAS
A LA CARTA

ANA MARÍA LAJUSTICIA BERGASA

DIETAS
A LA CARTA

MADRID - MÉXICO - BUENOS AIRES - SAN JUAN - SANTIAGO - MIAMI
2012

© 2012. Ana María Lajusticia
© 2012. De esta edición, Editorial EDAF, S. L. U.

Diseño de la colección: Marta Villarín

Diseño de la cubierta: Marta Villarín

EDAF, S. L. U.
Jorge Juan, 68. 28009 Madrid
http://www.edaf.net
edaf@edaf.net

Algaba Ediciones, S. A. de C. V.
Calle 21, Poniente 3323 - Colonia Belisario Domínguez
Puebla 72180, México
Teléfono: 52 22 22 11 13 87
edafmexicoclien@yahoo.com.mx

Edaf del Plata, S. A.
Chile, 2222
1227 Buenos Aires (Argentina)
edafdelplata@edaf.net

Edaf Antillas, Inc.
Av. J. T. Piñero, 1594 - Caparra Terrace (00921-1413)
San Juan, Puerto Rico
edafantillas@edaf.net

Edaf Chile, S. A.
Coyancura, 2270, oficina 914. Providencia
Santiago, Chile
edafchile@edaf.net

4.ª edición enero 2014

ISBN: 978-84-414-3159-1
Depósito legal: M. 19.509-2012

PRINTED IN SPAIN   IMPRESO EN ESPAÑA

Cofas, S. A. Móstoles -Madrid-

Índice

DIETAS A LA CARTA

Introducción

Con mi libro *La alimentación equilibrada en la vida moderna* quise poner al alcance de todas las personas los conocimientos necesarios para organizarse una dieta de acuerdo con su modo de vida y necesidades.

Ahora, respondiendo a muchísimas peticiones, pasado el tiempo, intento que quede perfectamente claro lo que es una alimentación correcta en las distintas circunstancias de la vida, así como proporcionar las dietas adecuadas para corregir los problemas que más frecuentemente surgen en nuestra sociedad, como el exceso de colesterol, la obesidad, la diabetes, etc. Precisamente la dieta de los diabéticos en cierto modo es la básica para la vida predominantemente sedentaria que se lleva en las ciudades. También es la adecuada, *groso modo*, para adelgazar, y cuando se tiene exceso de colesterol; estando indicada, repito, esencialmente en las personas que hacen una vida sedentaria. Por eso, en ella incluyo recetas de comidas que son válidas en muchas otras dietas.

1

Alimentación. Nutrición. Gastronomía. Dietética

Conviene tener en cuenta una serie de consideraciones y, sobre todo, claridad sobre los conceptos esenciales a la hora de hablar de dietas.

ALIMENTACIÓN. El instinto de los animales y el del hombre les indica que para su supervivencia deben ingerir ciertas sustancias que son los alimentos; estos los podemos definir como toda sustancia sólida o líquida que, introducida en el organismo, sufre una serie de transformaciones químicas llamadas digestión, en virtud de las cuales se transforman en principios asimilables que, conducidos por la sangre, permiten formar y reparar los tejidos y fabricar hormonas, enzimas y anticuerpos. Estos alimentos reciben el nombre de *plásticos* o *constructivos*, y son los prótidos.

Otros principios nutritivos sirven para realizar combustiones intracelulares y así obtener energía que utilizaremos para realizar trabajo y para producir el calor que necesita nuestro organismo. Estos son los azúcares, féculas y grasas.

De resultas de estas consideraciones nos damos cuenta de que, como para que tenga lugar una combustión siempre es preciso que haya oxígeno, este elemento que tomamos del aire que respiramos resulta que también es un alimento gaseoso cuya importancia nunca se debe olvidar.

Aunque los alimentos que tomamos en mayor cantidad, en general tienen necesidad de ser digeridos (a excepción de la glucosa y fructosa), hay otros, como los minerales, las vitaminas y el agua, que en su mayor parte pueden ser absorbidos sin haber sufrido transformaciones previas en el tubo digestivo.

Las vitaminas son alimentos funcionales; es decir, son unas sustancias que necesitamos en cantidades pequeñísimas, pero que su falta acarrea trastornos metabólicos, o sea, de la química interior del individuo.

Algunos minerales también tienen este papel de activadores del metabolismo orgánico, pero otros son constituyentes de ciertos tejidos, como el fósforo y el calcio, que forman la parte mineral del hueso, y el hierro, que constituye el centro de la porfirina que se encuentra en la hemoglobina de la sangre y que tiene un papel de importancia capital, ya que es el fijador del oxígeno del aire en los pulmones y transportador del mismo a todos los tejidos de nuestro cuerpo, además de otras misiones importantísimas en nuestro metabolismo.

La complejidad del papel que desempeñan los alimentos en la conservación de nuestro organismo nos lleva directamente a la consideración de la nutrición.

NUTRICIÓN. Podríamos definirla como la disciplina que estudia la cantidad y calidad de los alimentos que necesita el hombre para obtener los principios necesarios para el buen funcionamiento de su organismo. Así, es la Nutrición la que determina la alimentación adecuada al bebé —sobre todo si no recibe la lactancia materna—, la del niño, adolescente, adulto y anciano.

Es la ciencia de la Nutrición, por tanto, la que señala la clase y cantidad de los alimentos, de los que hemos hablado anteriormente, que deben tomar los humanos en las distintas fases y circunstancias de su vida.

Ahora bien, esta parte científica de la Nutrición más bien recibe el nombre de DIETÉTICA, mientras que la vertiente que busca el agrado del paladar y la presentación de los alimentos es el arte de la GASTRONOMÍA. Esta procura convertir la necesidad fisiológica de alimentarse en un verdadero placer, cosa muy loable, pues la reunión de la familia o de los amigos alrededor de una buena mesa es una de las mejores cosas que la vida nos puede ofrecer, ya que los que creen que reunirse a comer bien es buscar un goce material, no saben ver el placer espiritual que comporta el optimismo que se desprende de una reunión que comparte los mismos manjares como, asimismo, la tendencia que se tiene a juzgar las cosas benévolamente después de una agradable comida.

Podemos afirmar que el arte de la GASTRONOMÍA ha arreglado muchas diferencias entre personas y ha facilitado la realización de muchísimos y muy importantes negocios.

DIETÉTICA Y DIETA. Como hemos adelantado ya, recibe este nombre la parte científica de la NUTRICIÓN que señala la dieta más adecuada para cada persona, desde el punto de vista de las necesidades fisiológicas (y psicológicas). También en una misma persona, para las distintas épocas, circunstancias, modos de vida y trabajo y eventuales desequilibrios que se hayan podido producir como, asimismo, para evitarlos.

Hoy en día, el hombre no se puede fiar del instinto para alimentarse ni de los conocimientos empíricos de sus antepasados, ya que durante siglos y siglos los humanos han trabajado fundamentalmente haciendo un gran gasto de energía física estando sometidos a los rigores del frío, apenas paliados por modos rudimentarios de calefacción que se localizaban, además, en una habitación que era, en general, cocina-comedor de la vivienda.

Sin embargo, desde hace ochenta años más o menos a estas fechas, se ha generalizado el uso de calefacción en toda la vivienda, como asimismo en los lugares de trabajo y en los medios de locomoción.

Este capítulo de tener el ambiente caldeado, unido a un trabajo sedentario, ahorra al hombre la actividad de tener que quemar gran cantidad de lípidos, por lo que se ha hecho corriente el tener exceso de colesterol y grasas saturadas en la sangre, con los problemas que conlleva de disminución de la luz de las arterias y las amenazas de infarto, trombosis, etc.

Pero asimismo, cada vez son en mayor número las personas que trabajan en el llamado «sector terciario», es decir, despachos y oficinas, y también cada año aumenta el número de muchachos y muchachas que pasarán su juventud en los bancos de las aulas universitarias. Estas personas ya no queman la glucosa resultante de la digestión de los azúcares y féculas en la cantidad que la consumían sus mayores. De ahí que si se alimentan igual que sus abuelos, engordarán, ya que el exceso de glucosa nuestro organismo lo transforma en grasa.

En cambio, el trabajo intelectual para formar los neurotransmisores y neuromoduladores necesita proteínas, aunque también consume glucosa y gran cantidad de oxígeno.

La DIETÉTICA estudia todos estos hechos, y es la ciencia que puede señalar qué tipo de alimentos y en qué proporción debe escoger cada individuo para trabajar y encontrarse en condiciones óptimas y para corregir los eventuales problemas que pueda tener, debidos quizá a una alimentación que no es la adecuada a sus circunstancias personales y de ocupación.

Podríamos decir que la ciencia que tratamos es la gran colaboradora de la MEDICINA, pues esta busca curar la enfermedad y prolongar la existencia del hombre, y la DIETÉTICA tiene como fin primordial alargar la salud del mismo.

Aunque para muchas personas la palabra *dieta* tiene un sentido restrictivo, al relacionarlo con una alimentación adecuada a ciertas enfermedades, hoy día entendemos también por *dieta* la clase de alimentación, restrictiva o no, seguida por una persona, y por dieta diaria, los alimentos que se consumen en un día.

2
Dieta de adelgazamiento

Cuando una persona intenta adelgazar, lo primero que ha de tener en consideración es si engorda sin comer excesivamente, o bien si gana peso porque toma más alimentos de los que consume en su metabolismo.

Si, pensándolo bien, uno llega a la conclusión de que le sobran kilos porque come más de lo debido, entonces voy a intentar ayudarle, naturalmente si se deja ayudar, es decir, si quiere colaborar.

Hay que comenzar partiendo de la idea de que no se puede obtener nada sin que cueste algo. Ahora bien, el sacrificio que hay que hacer para reducir la cantidad de comida vamos a intentar que sea el mínimo, pues en las dietas de adelgazamiento pasa como con el dejar de fumar. Lo importante no es dejar de fumar o ponerse a dieta, sino perseverar en la abstención de cigarrillos o el seguir comiendo ordenadamente siempre. Por ello, no soy partidaria de dietas drásticas, sino de enseñar a comer de

DIETAS A LA CARTA

una manera en la que no se tomen muchas calorías, pero en la que las privaciones sean las menos posibles.

Cuando alguien me pide que le ayude a adelgazar, lo primero que le digo es que conmigo no conseguirá una pérdida de peso espectacular, sino que le enseñaré a comer de modo que, sin pasar hambre y sin peligro para su salud, si me obedece, irá perdiendo entre un kilo y medio o dos el primer mes; entre uno y uno y medio el segundo, y así la pérdida de peso será decreciente, pero constante hasta llegar a su peso óptimo, que no tiene por qué ser el de una maniquí o una persona de constitución muy delgada.

Centrando pues el problema, ahora vamos a tratar de una dieta de adelgazamiento para personas que han ganado peso, por la sencilla razón de que comen más de lo que necesitan para el modo de vida que llevan.

Desde luego, generalmente debe restringirse el número de calorías que se toman en el día, pero he observado que el andar contando y calculando las calorías de los distintos platos no entra en la mentalidad de la mayoría de las personas de nuestro país, y yo prefiero apelar al sentido común, que aunque hay quien dice que es el menos común de los sentidos, me parece que a muchísimas personas se les puede hacer una llamada al mismo mejor que obligarles a llevar una contabilidad, que a veces puede resultar oscura y difícil cuando se consumen ciertos alimentos. Porque sí, el azúcar, nos suministra 4 calorías por gramo y los aceites y grasas, 9. Pero ¿y cuando comemos legumbres, por ejemplo?

O el pan; hay quien cree que los «biscotes» tienen menos calorías que el pan del horno, cuando 100 gramos de los mismos nos proporcionan alrededor de 422 calorías, mientras que el pan fresco proporciona solo 260, y todo porque este lleva cerca de un 40% de humedad, mientras que los «biscotes» apenas llevan nada de agua e incluso los hay con algo de grasa que hace subir vertiginosamente el número de calorías.

Entonces, lo que yo pido al que desea adelgazar es que coma menos, sobre todo, dulces o azúcar, arroz, macarrones, pan, patatas y grasas. Y también, aunque extrañe a algunos, le restrinjo la fruta, que es un alimento muy rico en azúcares. Ustedes dirán «¡Pues nos ha descubierto América esta señora!», porque adelgazar disminuyendo la cantidad de comida diaria ya lo sabemos hacer todos sin explicaciones. Aún no he acabado, señores. Tan importante como disminuir las calorías de la dieta, es el modo de distribuir el alimento diario a lo largo de la jornada.

Hemos de tener en cuenta que lo que acumulamos en forma de grasa en nuestro cuerpo es la comida que sobra en relación con nuestra actividad, la que no necesitamos quemar para obtener energía con la cual movernos, trabajar y mantenernos constantemente a la temperatura de 37° C.

Entonces, como yo creo que las cosas se aprenden y se hacen bien cuando se conocen los porqués, vamos a explicar someramente los tipos de alimentos que tomamos y la finalidad de los mismos en nuestro organismo, es decir, el destino que les da nuestro cuerpo.

Los alimentos se dividen en: energéticos, constructivos y funcionales.

Son alimentos energéticos aquellos que van a ser quemados en una combustión lenta, con ayuda del oxígeno que tomamos en la respiración, y que nos suministran energía, ya sea en forma de trabajo que realizamos por medio de contracciones musculares, ya sea en forma de calor que mantendrá constante la temperatura de nuestro cuerpo.

Los alimentos constructivos o plásticos, como su nombre ya lo indica, son aquellos con los cuales construimos tejidos y una multitud de sustancias que necesitamos para poder sobrevivir, como enzimas, hormonas, anticuerpos, neurotransmisores, etc.

Y son alimentos funcionales aquellos cuya misión es procurar que vayan correctamente y sin tropiezos las variadísimas funciones y la química de nuestro organismo. Algunos de entre estos alimentos, como son las vitaminas y los minerales, tienen un papel fundamental como catalizadores de la química de los seres vivos, y otros, como la celulosa de los vegetales, el servir de carga para conseguir que los residuos de la digestión sean más voluminosos, húmedos y blandos, y así conseguir su evacuación regular y diaria.

El agua también es un alimento necesario en nuestra vida, pues todas las reacciones químicas de los seres vivientes tienen lugar en medio acuoso y asimismo acuosas son nuestras secreciones, como las lágrimas, los jugos digestivos, la orina, el sudor, y los líquidos orgánicos, como la sangre y el plasma intersticial.

Podemos decir, resumiendo, que unos nutrientes los necesitamos para obtener la energía con la cual realizamos nuestro trabajo y calentamos nuestro cuerpo, y son los glúcidos (antes llamados hidratos de carbono) y las grasas. Con otros fabricamos los constituyentes del mismo, y son los prótidos (antes proteínas) y ciertos minerales, y el resto sirve para mantenerlo en buen funcionamiento.

Sabido esto, llega el momento de empezar a pensar cuáles serán nuestros requerimientos de alimentos energéticos, teniendo en consideración el modo de vida que llevamos, y aún hemos de ir más lejos. Hemos de pensar cuáles eran las necesidades de energía de las personas que nos han enseñado a comer (nuestras madres y abuelas). Son precisamente los alimentos energéticos consumidos en exceso los responsables, en la mayoría de los casos, de la acumulación de grasas que se produce en algunas personas. Porque los azúcares y féculas, en su digestión, nos suministran glucosa, y la que no se gasta en realizar contracciones musculares, en gran parte nuestro organismo la transforma en grasa. Asimismo, las grasas consumidas en exceso en relación con nuestras necesidades de calorías para mantener constante la temperatura de nuestro cuerpo, también las acumulamos en forma de grasas.

Sigamos pensando en el pasado. ¿Cómo realizaban las faenas caseras las mujeres? ¿Cómo ganaban su sustento la mayoría de los hombres? Realizando esfuerzo físico.

Recuerden aquellas coladas de ropa blanca: las sábanas, colchas, toallas y la ropa interior eran blancas, por lo que se tenían que lavar muy frecuentemente, a mano, moviendo quintales de peso, pues las mujeres ponían en remojo, restregaban, aclaraban repetidas veces y tendían ropa que pesaba muchos kilos por la cantidad de agua que empapaba. Y esto se realizaba generalmente en una terraza o azotea a la intemperie, pasando frío y tocando agua que parecía helada.

¿Y los hombres? Ganaban el pan, como dice la Biblia, con el sudor de su frente. Moviendo ladrillos y apilándolos, cortando y transportando troncos, siguiendo los pasos de los mulos y de los bueyes que araban el campo. Los campesinos zurcían con sus pasos todos sus terrenos al labrar, gradear, marcar, sembrar, enterrar, rular, al repartir el estiércol y al echar los abonos...

Desde hace unos ochenta años, para la mayoría de las personas, la vida ha cambiado. Muchos labradores trabajan sentados en su tractor, con una ropa bien abrigada e incluso algunos protegidos por una cabina acoplable a su máquina. De los obreros ya no se concibe que acarreen ellos los pesos; para eso están las carretillas eléctricas, toros, grúas, funiculares en los patios de troncos de los aserraderos y las grúas de los camiones. No me refiero ya a los que trabajan sentados en un despacho caliente, los que incluso hacen hoy día trabajo mecánico apenas tienen que realizar ellos el esfuerzo, para eso están las grúas y toros, que son los que transportarán o levantarán los pesos.

También las mujeres tenemos máquinas que nos evitarán el trabajo de restregar y levantar el aclarado de la ropa de la casa. El fregado del piso se ha vuelto sencillo y se realiza sin arrodillarse, el sacar brillo a las maderas del suelo ya no tiene sentido. Los parqués se barnizan y solo se necesita pasar una bayeta suavemente para recoger el polvo. Incluso el cocinar es poco trabajoso. No existen ya, al menos en las ciudades, cocinas de leña o carbón que obliguen a estar cargándolas continuamente. El fuego lo obtenemos volviendo una llave y poniendo un encendedor; muchos alimentos nos llegan pelados y arreglados, a punto de echarlos en la olla, y otros preparados para freírse.

La vida ha cambiado y, sin embargo, a nosotros nos enseñaron a comer personas que habían aprendido a hacerlo de otras que a lo largo de su vida tenían unas necesidades parecidas. Y de repente, podemos decir, los modos de trabajar varían; para ganar el sustento los hombres y para arreglar la casa las mujeres, no hacemos apenas gasto de energía muscular, por ello nuestro cuerpo no consume glucosa en la cantidad de nuestros antepasados y tampoco necesitamos grandes cantidades de calorías procedentes de las grasas, pues nos la suministra la calefacción y las pocas que producimos nos las ayudan a conservar la ropa actual bien abrigada.

Todas estas consideraciones tienen por objeto aclarar por qué hemos de disminuir la cantidad de alimentos energéticos que tomamos. Pero, además, y eso es también fundamental, es muy importante saber cuándo debemos consumirlos.

La mayor parte de las personas realizan lo más duro de su jornada por la mañana. Hay empleados de oficinas que incluso tienen una jornada continua que empieza a las ocho de la mañana para terminar alrededor de las tres de la tarde. Y el ama de casa limpia, compra, cocina, arregla a los niños, sobre todo en la primera parte del día.

Pensemos también que al levantarnos hace ocho o diez horas que no hemos tomado alimento; y, ¿cómo suelen ser los desayunos en nuestro país? Muy rápidos, escasos y desequilibrados. Justo en el momento en que debemos comer para que nuestra sangre tenga los nutrientes que necesita nuestro organismo para realizar su trabajo físico e intelectual, hay una cantidad enorme de personas que toman un café con un poco de leche y se lanzan a la calle.

¿Qué necesitan nuestros músculos para contraerse y realizar trabajo? Fundamentalmente glucosa, oxígeno, fósforo y otros minerales.

¿Con qué alimentos mantenemos caliente nuestro cuerpo? Con las grasas hemos dicho.

¿Y las funciones del cerebro? ¿Qué necesitamos para realizar el trabajo intelectual? Creo que hay poca gente que se haya hecho esta pregunta, porque si se consideraran las necesidades de nuestro sistema nervioso, seguro, seguro que muchas esposas y madres de familia no dejarían marchar de casa a su marido a la oficina y los hijos a la escuela sin un desayuno copioso y acorde con los requerimientos de nutrientes de ellos. Y lo mismo digo a tantas mujeres que trabajan en la enseñanza y en las oficinas. Incluso las que solo cuidan de la casa necesitan tener la cabeza clara para organizar bien la jornada, pensar en lo que se debe comprar y trabajar con un método bien calculado que les permita hacer sus faenas de modo que resulten más sencillas y ordenadas.

Porque nuestro cerebro consume glucosa y gran cantidad de aminoácidos que provienen de la digestión de las proteínas, fósforo, calcio, magnesio, sodio, potasio, vitaminas, etc.

Y además sepan que, naturalmente, consume oxígeno y en una proporción muy elevada en relación con el resto de nuestro cuerpo.

Hoy se sabe cómo se efectúa la comunicación de unas células nerviosas con otras; hay unas sustancias que se llaman neurotransmisores que son elaboradas por las neuronas y se conocen bien los precursores de algunas de estas. Por ejemplo, la noradrenalina se forma a partir de un aminoácido llamado tirosina, y la serotonina, del denominado triptófano. También se conoce bien el papel de unas moléculas de alta energía llamadas ATP, ricas en fósforo y que están ligadas al magnesio.

Si para realizar un trabajo mental sabemos que tenemos necesidad de proteínas, fósforo, minerales, glucosa, etc., ¿cómo nos conformamos con un café cortado, que en cierto modo lo único que nos proporciona es algo de glucosa si lo tomamos con azúcar, más los nutrientes que lleva aquel chorrito de leche que se le añade?

Y conozco personas que a media mañana, en vez de tomar algún alimento, vuelven a repetir otro café, y así esperan la hora de la comida.

En otras ocasiones me he referido a este problema con una comparación. Imaginémonos a un mulero que deba hacer arrastrar una carga por un animal y, pudiendo elegir entre un caballo potente y capaz de realizar bien el cometido, escogiera un jamelgo desnutrido y un látigo; lo tomaríamos por loco. Pues eso llevado a la nutrición es lo que escogen muchas personas cuando deben preparar su desayuno. Proporciona con los cafés dos latigazos a su sistema nervioso y así van pasando la mañana entre irritaciones, malos humores, fallos de memoria, falta de orden y previsión en la preparación de su trabajo, etc.

Es cierto que nuestro hígado fabrica, a partir de la glucosa de la sangre, una sustancia de reserva llamada glucógeno (muy parecida al almidón de los vegetales) que, cuando vamos necesitando, nos suministra este azúcar imprescindible para movernos y hacer trabajo mental.

También tenemos capacidad para deshacer ciertas proteínas que forman el esqueleto que nos suministran los aminoácidos necesarios para formar neurotransmisores, pero todo ello implica un trabajo suplementario para nuestro cerebro, que pasa desapercibido para nosotros pero que es real, y que va dirigido a ordenar al organismo que le suministre los elementos necesarios para que pueda funcionar, cuando lo deseable sería que el máximo de su potencia lo pudiéramos utilizar en la realización del trabajo que tenemos encomendado. La sangre, como resultado de la digestión de los alimentos, se va enriqueciendo en los nutrientes precisos para nuestro cuerpo y de una manera fluida y continuada los va conduciendo a los tejidos que necesitan los distintos nutrientes, que hemos tomado en la primera comida de la mañana.

Hago hincapié en este tema del desayuno, importantísimo, pues he visto que este, junto con la merienda, son las «bestias negras» en la mente de algunas personas que quieren adelgazar y estas dos tomas de comida del día se las suelen saltar alegre e inconscientemente cuando, por el contrario, son los pilares en los que nos apoyamos los dietistas que recomendamos una dieta equilibrada de adelgazamiento.

Además, antes he dicho que hay personas que se saltan alegremente el desayuno y he dicho mal. Se lo saltan, quizá, incluso por ahorrarse el trabajo de prepararlo; pero de alegrías luego, nada. El estómago sale por sus fueros y empieza a reclamar primero suave, y luego insistentemente, la ración que le toca. Se siente como un irritado agujero en su lugar y entonces el mal humor se instala en la persona que no consigue concentrarse en su trabajo, pues aquella sensación de áspero vacío se va haciendo cada vez más potente, manifestándose de una manera podríamos decir insolente cuando llega la hora de la comida. Entonces esa persona que ha resistido malhumorada pero valientemente a las tentaciones de toda la mañana, cree que se ha merecido un premio por la victoria que ha obtenido en la lucha con su estómago durante cinco o seis horas, y se «premia» con una comida más abundante de lo que es deseable a aquella hora, e incluso si considera que por la mañana ha hecho muchos méritos se concede una «medalla» a los mismos con un postre extra: un pastel, un flan, un helado...

Como la conciencia le dice que a la hora de comer se ha pasado, cuando los demás meriendan, ella se conforma con un té sin leche u otro café, es decir, vuelve a saltarse otra comida con las subsiguientes protestas de su órgano digestivo, aunque estas suelen ser menos acuciantes que las de la mañana. Nueva victoria pírrica que conduce otra vez a cierta autocomplacencia por haber sabido vencerse cuando los demás razonablemente toma-

27

ban algún alimento. Luego hay dos tipos de personas que han hecho lo relatado hasta ahora, al enfrentarse con la cena: las que en cierto modo vuelven a «premiarse» por haber fastidiado a su estómago por la mañana y a la hora de merendar y las que lo acaban de reventar, que son las que frente a las sensatas indicaciones de los otros miembros de la familia que lo invitan a cenar, desdeña esos cantos de sirena y pensando que hay muchos habitantes de nuestro globo que viven «perfectamente» casi sin comer y que hay perros que lo hacen solo una vez al día, al notar el estómago que empieza a ponerse de nuevo pesado se toman un somnífero y se van a la cama.

Esto que les voy contando un poco festivamente es, por el contrario, bastante dramático y no hay que ponerle muchas explicaciones al asunto, pues es evidente. Está perfectamente demostrado y claro que una persona se encuentra bien y trabaja a gusto cuando no siente su tubo digestivo ni por demasiado lleno ni por vacío. No debemos sentir nunca ni mucha hambre, ni demasiada saciedad. No ya solo para trabajar cómoda y eficazmente, sino por nuestra salud; un individuo que reparte mal su toma diaria de alimento está amenazado de problemas digestivos, incluida la úlcera de estómago, y es real y actual que gasta un mal humor y una irritabilidad que en cierto modo le pueden llevar a tener problemas en las relaciones de trabajo y en las familiares, y las dificultades de esta relación pueden desembocar incluso en aspectos o problemas psicológicos o mentales.

Por todo ello, la primera e importantísima conclusión que sacamos de lo dicho es que no solo podemos, sino que *debemos* hacer un buen desayuno; completo, equilibrado, sin demasiadas calorías (ahora diremos cómo lograrlo) en el que no falte ningún tipo de alimento, incluidos minerales y vitaminas. Y no estoy en contra de que en él entre un estimulante (café, té o cacao); este será lo que el motor de arranque para el coche, el elemento de nuestra puesta en marcha.

Un desayuno completo no tiene por qué ser rico en azúcares si vamos a realizar un trabajo de tipo intelectual, ni ha de contener muchas grasas si no vamos a pasar mucho frío. En cambio, es fundamental que nos suministre prótidos, fósforo, calcio, magnesio, vitaminas y celulosa para evitar el extreñimiento.

Entonces voy a dar el «desayuno tipo» que yo considero debe tomar la persona que desea adelgazar: un huevo mediano o pequeño, una loncha de jamón York, una pieza de fruta (naranja, manzana, melocotón, o equivalentes, evitando la uva), unas dos rodajas de pan integral y café o té con leche descremada o bien un yogur descremado.

Debe evitarse el azúcar, las grasas animales y, sin embargo, tomar como el equivalente a una cucharada sopera de aceite vegetal, y ahora diré por qué. El azúcar no tiene sentido el consumirlo, pues la glucosa necesaria nos la va a suministrar el pan integral, que además nos proporciona celulosa para evitar el estreñimiento y es más rico que el blanco en minerales, singularmente magnesio e hierro y vitaminas del complejo B.

Las grasas de animales nos suministran calorías y vitaminas A y D. Las calorías hemos de evitarlas también; la vitamina A la podemos conseguir con las frutas y las verduras, singularmente con la zanahoria, que hemos de consumir en la ensalada todos los días y la vitamina D tomando un poco el sol. También con los aceites de pescado o con perlas de aceite de hígado de bacalao.

¿Y por qué recomiendo tomar algo de aceite vegetal? Primero, porque una dieta sin grasa no satisface, enseguida se tiene sensación de hambre, pero además se necesita algo de grasa en el intestino para no tener estreñimiento y, por añadidura, estos aceites son los vehículos naturales de las vitaminas E y K.

Ahora bien, aún queda sin aclarar la causa de la elección de una grasa vegetal sobre otra de origen animal, y es lo que voy a hacer.

Sabemos que en los países occidentales, a partir de los cuarenta y cinco años, uno de cada dos hombres que mueren lo hacen de un problema vascular: infarto, trombosis, etc. Este gravísimo problema se achaca en parte a que debido a tener una alimentación demasiado rica en grasas animales y colesterol, estos forman unos depósitos o ateromas en las paredes de las arterias que obstaculizan el riego sanguíneo y no dan paso a los pequeños coagulitos de sangre que por la causa que sea se hayan podido formar. Desde luego, las grasas animales saturadas no son la única causa a la que se debe atribuir este aumento de enfermedades circulatorias, pues influyen también el tabaco, el estrés, la vida sedentaria, el exceso de azúcar y la falta de magnesio en la dieta occidental. Ahora bien, es uno de los factores que tienen una influencia clarísima y decisiva en el problema. Entonces, cuando pienso en una dieta de adelgazamiento, como no solo intento conseguir el propósito fundamental, sino que el logro de este no acarrea ningún trastorno y a ser posible que con la dieta marcada se consigan otros beneficios; y así, en los regímenes de los adultos que no pasan frío, procuro disminuir las grasas animales, con lo que además de calorías evito o ayudo a evitar uno de los factores más importantes de riesgo de infarto y trombosis.

El porqué de la supresión de la uva y la limitación de las cantidades de fruta es para disminuir calorías y evitar, sobre todo, la glucosa, que parece (según estudios franceses) que es un azúcar más «engordante» que la fructosa, que es otro azúcar que predomina en las manzanas y que, según ciertos biólogos, se metaboliza con mayor facilidad que la glucosa a glucógeno por el hígado, en lugar de originar grasas.

Otro *posible desayuno* para las personas que además de exceso de kilos tengan exceso de colesterol sería dos rebanadas de pan integral con un poco de aceite de germen de maíz, girasol o granilla de uva y $1/3$ o $1/2$ de tarrina de queso descremado. O el pan, con unas cuantas nueces (el aceite de estas es tan insaturado como el de maíz), una fruta (manzana) y una taza de leche descremada con café o té o un yogur descremado.

También podrían tomar una o dos rebanadas de pan integral con un par de sardinas en aceite (pero no apurando el aceite) o en escabeche, preparadas incluso en casa con la receta que he dado en la dieta de los diabéticos, más la fruta y la leche o yogur descremados.

Si entre el primer desayuno y la comida median más de tres o cuatro horas, debe hacerse un segundo desayuno que puede ser un poco de pan integral con jamón sin grasa y una taza de leche descremada con café o té.

Y llega la hora de la comida. Habiendo hecho ya dos tomas de alimento, no resulta ninguna heroicidad el comer moderadamente. Además, debe empezarse siempre, y utilizando una cantidad muy pequeña de aceite, por una ensalada variada en la que haya lechuga, apio, zanahoria, tomate, etc., con lo que al presentarse en la mesa el plato conflictivo (arroz, macarrones, patatas, canelones...), el saltárselo, o simplemente probarlo sea algo fácil y natural. En cambio, hemos de comer una cantidad normal de carne (100-125 g) o de pescado, se entiende en limpio, sin huesos, piel ni espinas. Cuando la carne y el pescado están acompañados de salsas o patatas fritas, deben desdeñarse esos acompañamientos. Además las salsas deben evitarse, pues es mejor reservar el pan que se puede tomar a lo largo del día (entre 100-150 g del fresco, preferiblemente integral) para las horas de los desayunos y merienda, pues los cruasanes, los dulces y pastas deben excluirse de la dieta y ser sustituidos por el pan permitido.

A la hora de la merienda podemos tomar parte del pan que nos corresponde con un poco de mermelada dietética, es decir, de las llamadas de diabéticos, o unas nueces y un yogur o un té.

También hay sitios en los que se encuentran unas galletas de soja, dietéticas, que sacian, alimentan y no son tan engordantes como otros alimentos; pueden tomarse dos o tres de esas galletas con el consiguiente té, yogur o vaso de leche descremada.

La cena es la quinta comida del día y resulta fácil pasar con un puré o un plato de verduras, pescado y una pieza pequeña de fruta.

En las comidas puede tomarse medio vasito de vino, pero debe evitarse el alcohol de cualquier otra forma. El porqué es muy sencillo; el alcohol es un combustible que quemamos con una facilidad extraordinaria y con preferencia al digamos normal, las grasas, cuyo destino es mantener constante la temperatura de nuestro cuerpo. Si hacemos llegar alcohol a la sangre, quemamos este y obtenemos calor del mismo, mientras que las grasas que hemos consumido irán a acumularse a las que queremos eliminar. Conviene saber que 1 gramo de alcohol nos suministra 7 calorías.

Este *régimen* de comidas, y aquí la palabra régimen es la adecuada, marca la pauta en la distribución de los alimentos a lo largo del día y señala a grandes rasgos lo que podemos comer y lo que hemos de evitar; luego, el sentido común de cada uno le indicará lo que debe hacer en cada caso, teniendo en cuenta las normas generales que se han dado.

Cuando la persona se ha acostumbrado a este modo de comer, que no cuesta en exceso, pues, entre otras ventajas que tiene, una de ellas es que nunca se siente mucha hambre, además lo seguirá con facilidad toda su vida, por la sencilla razón de que se encontrará bien, ligero, trabajará con más eficacia y además logrará el fin primordial por el que lo siguió: adelgazará, no de una manera espectacular, pero sí poco a poco, que además es lo mejor para su cuerpo, que no estará sometido a grandes desequilibrios, pues nunca es deseable para el organismo el sufrir grandes cambios en poco espacio de tiempo.

Al hablar de este régimen, hemos puesto por delante la premisa de que está dirigido a las personas que han ganado kilos porque comen más de lo debido y, generalmente además, los alimentos suelen estar mal distribuidos a lo largo de la jornada.

Ahora vamos a ver el caso del que engorda sin tomar exceso de comidas; o sea, el que aumenta de peso y no lo entiende. Esto se da realmente y con más frecuencia de lo que en principio ustedes pueden pensar. ¿Cuál es el mal de esas personas? Retienen agua o líquidos. Hay también el problema de los que tienen una disfunción de la glándula tiroides y es el médico el que les tratará y vigilará constantemente, pues los tratamientos hormonales deben ser seguidos muy de cerca y por el mismo médico que los ha ordenado.

Vayamos, pues, al caso de la persona que sin presentar desequilibrios de tiroides, engorda sin comer excesivamente.

¿Cuándo tiene tendencia a retener agua nuestro cuerpo? Cuando la sangre está sucia de toxinas o lleva demasiada sal común por la causa que sea.

¿Qué alimentos y en qué circunstancias se pueden producir esas toxinas que ensucian la sangre? La persona que retiene agua debe suprimir las conservas, los embutidos y el exceso de sal. Lo que está envasado en plástico (incluido el pan), salvo que se indique en la envoltura, lleva conservantes para evitar que fermenten o enmohezcan, y esas sustancias resultan tóxicas en cierto grado para algunas personas.

También nosotros mismos podemos generar sustancias necesarias al organismo, pero que, producidas en cantidad mayor de la debida, se comportan como toxinas. Tales son ciertas hormonas, y es muy corriente que en el embarazo y en la lactancia muchas mujeres tengan los muslos hinchados con agua que retienen sus tejidos como un mecanismo de defensa de los mismos.

Cuando por la causa que sea, la sangre transporta sustancias irritantes para las células de nuestro cuerpo, y estas pasan al plasma intersticial, los tejidos retienen agua con la finalidad de diluirlas y que resulten así menos tóxicas.

Por ello también hay personas a las que el estreñimiento les hace engordar por la simple razón de que retienen agua. En este caso basta conseguir una evacuación regular y diaria, para que pierdan tres, cuatro o cinco kilos de peso.

¿Cómo influye el estreñimiento en esta ganancia de peso por el cuerpo? La persona que come a base de pan blanco, arroz, pastas italianas, patatas y postres de cocina o lácteos, tiene una cantidad muy pequeña de residuos después de la digestión de los alimentos. Solamente un 8 o un 10% de los mismos, y debe tenerse en cuenta que la materia seca de la comida solo es alrededor de un 30% de la que ingerimos, pues el resto es agua. Intentemos pensar cuál es el volumen de la materia seca de lo que comemos prescindiendo del agua. Es pequeño, cabría en el hueco de la mano. Imaginemos después lo que es la décima parte de esa materia. Quizá haga el bulto de una nuez. Pues bien, esa cantidad son más o menos los residuos de la digestión de una comida como la reseñada más arriba. Cuando estos restos llegan al intestino grueso, van mezclados con mucha agua, pero en este continúa la absorción de la misma, con lo que se van apelmazando y formando grumos duros y pequeños.

¿Cómo se consigue el transporte de las heces a lo largo de casi un metro de intestino grueso? Por la acción de las paredes de este sobre las mismas en una serie como de apretones-empujones que constituye lo que se llama peristaltismo intestinal, haciendo avanzar los residuos hasta el recto. Ahora bien, cuando hay pocos restos, los empujones que van haciendo las paredes del colon sobre los mismos, en lugar de hacerlos avanzar, por falta de materia, debe hacerlos bailar un poco y nada más. Además, al pasar el tiempo los residuos van haciéndose cada vez más duros al seguir perdiendo agua y luego es necesario que la presión del intestino sobre ellos aumente considerablemente para conseguir que hagan su camino.

Entretanto, entre los restos de comida, van proliferando bacterias que se multiplican y producen fermentaciones y putrefacciones, generando, como consecuencia de las mismas, una gran cantidad de gases que molestan y vuelven doloroso el vientre. Parte de estos gases, algunos de los cuales son muy ligeros, como el metano que se forma en gran proporción, van hacia el lugar en que el colon hace un codo debajo del hígado y allí forman como una bolsa de gas, que aprieta el hígado, impidiendo su correcto funcionamiento.

Al mismo tiempo, además de los gases, se están produciendo sustancias nocivas para el organismo que, con el agua que se está absorbiendo, pasan a la sangre y la ensucian, y ya estamos en lo que decíamos anteriormente. Una sangre que lleva sustancias tóxicas perturba las células y los tejidos retienen agua para diluirlas y que estas sustancias resulten menos irritantes.

He aquí la explicación de por qué en ciertas personas basta corregir su estreñimiento para lograr una pérdida de peso y una extraordinaria mejoría en su estado general, incluido el funcionamiento del hígado.

En ciertos momentos de la vida, sobre todo de las mujeres, se producen notables cambios en su organismo. No solo ya en el embarazo y lactancia, como hemos dicho, sino también cuando cesan las reglas. En este periodo también suelen producirse cambios hormonales que a veces transforman algo el metabolismo y producen retención de líquidos. No hay que alarmarse excesivamente y cargarse de preocupaciones por una cosa natural, y más adelante veremos el modo suave, pero eficaz, de conseguir la eliminación del líquido excesivo retenido por el cuerpo.

Otra causa que muy corrientemente es origen de la que llamaríamos obesidad acuosa es el estrés. La tensión emocional, la angustia, la ansiedad, cualquier tipo de insatisfacción, tanto en la vida personal como familiar o de trabajo, en ciertas personas provoca acumulación de líquido en su organismo por un mecanismo que voy a explicar.

Las circunstancias arriba citadas provocan descargas anormales de catecolaminas (adrenalina y noradrenalina), y el exceso de estas hormonas resulta tóxico, como cualquier otra sustancia a la que nos hemos referido.

A veces, cuando tengo una consulta sobre un problema de adelgazamiento y he observado que la dieta alimenticia en bastante manera es la adecuada al modo de vida de la persona que tengo frente a mí, le pregunto desde cuándo empezó a engordar, e indagando, indagando, casi siempre el comienzo de la ganancia de peso coincide con la presencia de un problema en cierto modo insoluble. Por ejemplo, un trabajo que no gusta y se hace a la fuerza, sin ilusión, o una situación emocional negativa, real o incluso imaginaria, pero que perturba la vida anímica y provoca una tensión.

Sucede, a veces, que la reacción de la persona sometida a esos factores busque un alivio y una compensación, poniéndose a comer más de lo debido, pero hay ocasiones en que no, la dieta que está haciendo no debería producirle el aumento de peso que ha sufrido.

¿Cómo solucionar este problema? Pues de una manera bien sencilla; siguiendo el régimen explicado en la primera parte de este capítulo, que es la manera sana, racional y equilibrada de comer, y tomando dieuréticos naturales que sin causar trastornos de desmineralización y otros subsiguientes a la misma, le harán perder poco a poco el agua que en demasía están guardando sus tejidos.

Para ello basta seguir las siguientes normas:

a) No tomar exceso de sal común y suprimir en vistas a ello las aceitunas, embutidos y jamón muy salado.

b) Suprimir las conservas.

38

c) Tomar al día dos infusiones de hierbas diuréticas que se pueden preparar bien con alguna de las hierbas que citaré o con una mezcla de *herba prima* o esquinancia (*Aspérula cynanchica*), equiseto, estigmas de maíz y grama. También pueden usarse el té, la doradilla, el enebro, hojas de abedul, hojas de morera, etc. Pero son quizá las cuatro primeras citadas solas o mezcladas y el té las que suelenresultar más eficaces para la mayoría de las personas.

d) Hay alimentos que son diuréticos y deben conocerse, pues nos pueden ayudar a lograr el fin que estamos buscando y son: las cebollas, los puerros, los espárragos, el perejil y el apio.

Si la persona obesa es por los dos conceptos que hemos explicado, porque come demasiado y a la vez retiene agua (que suele ser muy corriente), ya sabe el régimen que debe seguir y las tisanas que debe tomar y lo resumimos en el siguiente cuadro:

PAUTAS PARA ADELGAZAR POR COMER EN EXCESO
O POR RETENCIÓN DE LÍQUIDO

1) Al levantarse tomar una infusión diurética.

2) Hacer un buen desayuno rico en proteínas, huevos, jamón o queso descremado, pero sin azúcar, con algo de pan moreno, un poco de aceite, una fruta y leche descremada con café o té.

3) Comer a base de una gran ensalada con poco aceite y 100-125 g de carne o 150 g de pescado y una fruta si apetece.

---

4) Merendar a base de galletas de soja o un poco de pan moreno con mermelada sin azúcar y té con leche descremada o yogur.

5) Si no se ha tomado té en la merienda, tomar una infusión diurética. En algunas personas, tomarse dos tisanas diuréticas al día les rebaja la presión sanguínea. Tener esto en cuenta.

6) Hacer una cena ligera a base de verduras y algo de pollo o pescado.

Las carnes y los pescados, cuando se han perdido algunos kilos, no tienen por qué tomarse necesariamente a la plancha. En este caso son válidas todas las recetas y recomendaciones dadas en la dieta de los diabéticos.

Es más, si una persona quiere adelgazar, puede seguir la dieta explicada para los diabéticos, más las infusiones diuréticas y, haciéndolo con perseverancia y paciencia, no solo conseguirá su propósito sino que se encontrará ágil, en buena forma física y mental. Ello si no tiene artrosis o algún problema reumático, porque la mayor parte de las personas que vienen a consultarme tienen dolores o se sienten agarrotadas por desequilibrios que afectan a sus articulaciones.

Entonces, les remito, además, a las recomendaciones que doy en el capítulo dedicado a la artrosis.

Y sobre todo, nunca olviden que es importantísimo moverse para quemar calorías. Si usted puede ir a un gimnasio, es lo más recomendable; si no, tiene que buscar la manera de hacer ejercicio caminando, y si me dice que es una persona de edad y en su ciudad hay muchas cuestas, le recomiendo que la recorra andando hacia abajo y vuelva en aubotús o metro.

Aún hay más, si no sale de casa porque cuida un enfermo o cualquier otro motivo, ponga música alegre y enérgica (en la actualidad hay diales y canales que emiten programas de música todo el día) y baile o, cuando menos, muévase al compás de la música. Verá cómo me va a agradecer esta recomendación.

Les deseo éxito, pero no olviden que es muy importante, como en todo, la perseverancia.

Hechas todas estas recomendaciones, moverse, no atiborrarse de comida, ir con regularidad de vientre y en lo posible también orinar lo conveniente para que no haya retención de líquidos, además de la voluntad propia, tenemos una gran ayuda con unas barritas de fibra en polvo con magnesio. Están compuestas por salvado de trigo y avena con pectina y una fibra que con el agua aumenta mucho su volumen. Tomada media hora antes de la comida por aquellas personas que tienen mucho apetito, al ocupar ya un sitio en el estómago, les permite limitar la ingestión de alimentos; por otra parte, al ser indigerible facilita una evacuación diaria y al llevar magnesio se regula el peristaltismo intestinal, y como en este los iones retienen agua, las heces son más blandas y fáciles de evacuar.

Además, el ión Mg^{++} no deja cristalizar el oxalato cálcico que a veces se forma en los riñones, por lo que además de regular el intestino, favorece la eliminación del exceso de agua.

41

3
Anemia

Nos referimos a la anemia ferropénica que tiene como origen una deficiencia de hierro. Este elemento mineral forma parte de la hemoglobina, que es la sustancia que da color a la sangre y esa coloración se debe precisamente al hierro que contiene.

La sangre que llena nuestras arterias y venas está formada por un líquido amarillento (plasma sanguíneo) y las células llamadas glóbulos sanguíneos, que constituyen el 40-50% de su volumen. Tenemos en la edad adulta entre cuatro y cinco litros de sangre.

El plasma está formado por agua, proteínas, sales —entre ellas la sal común—, glucosa, enzimas, hormonas, anticuerpos, grasas, etc.

Los corpúsculos o glóbulos sanguíneos son de tres tipos: glóbulos rojos o eritrocitos, glóbulos blancos o leucocitos y plaquetas o trombocitos.

Los eritrocitos son rojos y son unas células sin núcleo llenas de hemoglobina; esta es la sustancia encargada de fijar el oxígeno que tomamos del aire en los pulmones y repartirlo luego por todos los tejidos de nuestro cuerpo.

El aire puro contiene, entre otros gases, un 21% de oxígeno y un 0,04% de anhídrido carbónico. Cuando sale el aire de los pulmones, las proporciones de ambos han variado; en el que sacamos solo hay un 17% de oxígeno y, en cambio, un 4% de anhídrido carbónico.

Gracias al hierro de la sangre hemos fijado el oxígeno que vamos a necesitar para quemar la glucosa y las grasas y en otras reacciones de nuestro metabolismo en las que este elemento es primordial.

Precisamente, como resultado de las combustiones que tienen lugar en nuestro cuerpo, se va formando anhídrido carbónico y al llegar la sangre a los pulmones se libera de este gas que sale al exterior junto con cierta cantidad de vapor de agua que se pone de manifiesto cuando echamos el aliento contra un vidrio frío, o en invierno cuando se hacen visibles en forma de niebla las gotitas de agua que se han formado al enfriarse el vapor que nosotros y los animales expelemos en la respiración.

Quedamos, por tanto, en que la hemoglobina es un elemento primordial para la fijación del oxígeno del aire, que podemos decir es nuestro alimento gaseoso y al que a veces no se le da la importancia real que tiene, quizá porque no vamos a comprarlo al mercado y no pagamos por él un dinero.

Gracias a la bioquímica sabemos hoy la constitución exacta de la hemoglobina, y digo la constitución y no la composición porque no solo conocemos los elementos que la integran, sino incluso su estructura. Esta molécula está formada por cuatro partes proteicas o globina y cuatro grupos «hem», cada uno de los cuales lleva un átomo central de hierro. Estas cuatro secciones conjuntas constituyen una molécula de peso molecular conocido.

Para que el organismo forme hemoglobina se necesita, por tanto, que en la dieta haya proteínas e hierro. La cantidad de hierro que debemos tomar diariamente se calcula en unos 15 miligramos, las mujeres, y 10 miligramos, los hombres.

El porqué de esta diferencia estriba en que las mujeres pierden sangre y, por tanto, hierro, con la menstruación y deben reponerlo. En la adolescencia, cuando se ve crecer a los hijos de tal manera que los pantalones parece que suben por los tobillos, también los muchachos necesitan unos 15 miligramos de hierro al día.

Hay que tener en cuenta que por cada kilo de peso que ganamos alargamos nuestros capilares sanguíneos en dos kilómetros y esas tuberías deben llenarse de sangre.

Las embarazadas y madres lactantes tienen también las necesidades de hierro acrecentadas por lo siguiente. La cantidad normal de hemoglobina en el adulto es de 15 gramos por 100 centímetros cúbicos de sangre. Esta proporción asciende en el recién nacido, que asimismo almacena reservas de hierro en su hígado, porque la leche, que es el alimento que recibirá en los primeros meses de su vida, es relativamente pobre en hierro y el niño nace protegido contra la posible carencia de ese mineral con unas proporciones mayores del mismo en su sangre y en el almacén de hierro natural en el cuerpo, su hígado. Naturalmente, es la madre la que provee de los nutrientes a su hijo, y en favor de este se movilizarán sus reservas, por lo que debe tenerse ello muy en cuenta al organizar la dieta de la embarazada y madre lactante, que además ha perdido una cantidad de sangre considerable en el parto.

Conscientes de la importancia que tiene el hierro para nuestra vitalidad y salud, interesa saber qué alimentos son ricos en este elemento y entre los más importantes están: ciertas algas, la sangre, atún, almejas, hígado, carnes rojas, cacao, levadura de cerveza, perejil, cereales completos, soja, legumbres (judías, habas, garbanzos, lentejas, guisantes), ostras, yema de huevo, melazas, riñones, almendras, dátiles, etc.

Es interesantísimo también el aporte que en hierro puede hacer el zumo de manzana a la dieta. Un litro de este suministra 25 miligramos de hierro. Por ello es la bebida ideal para todas las personas con una anemia más o menos notable y en las épocas de crecimiento de los niños, adolescencia, embarazo y crianza.

El zumo de manzana no hay necesidad de prepararlo en casa (cosa que a algunos les resulta complicado), sino que puede tomarse el natural, preparado por casas de confianza.

Los síntomas de la anemia son sueño, cansancio y pereza física y mental, porque, si falta hierro, falta oxígeno, y sin este en cantidad suficiente, la vida se pone «al ralentí» y podemos decir que vamos sobreviviendo, pero faltan ánimos e impulso no solo para trabajar, sino para cualquier acto, incluso para divertirse.

PAUTAS EN LA DIETA PARA EVITAR LA ANEMIA

Desayuno. Huevo con jamón, pan integral, zumo de manzana y leche con cacao.

A media mañana puede tomarse pan integral, con embutido hecho con sangre o unas galletas con almendras.

Comida. Legumbres (judías, lentejas, garbanzos, habas) y carnes rojas. Una vez a la semana unos 125 gramos de hígado. Fruta.

Merienda. Dátiles, orejones de albaricoque, almendras con pan integral, o un poco de chocolate con galletas de soja o de almendras y zanahoria.

Cena. Espinacas, sopa de calabaza, zanahoria, atún, carne, soja y algas (si se encuentran este tipo de alimentos en el lugar donde se vive), castañas, etc.

Muy importante: Y a lo largo del día tomar alimentos ricos en vitamina C.

Una solución muy sencilla y también muy eficaz consiste en tomar 1 cucharilla de «hierro en miel» en $1/2$ vaso o 1 vaso de zumo de naranja, agua con limón o zumo de piña o de tomate y levadura de cerveza (2 o 3 comprimidos) a la vez. Y es que para la asimilación del hierro hacen falta vitamina C, biotina, ácido fólico y cobalamina. Estas tres últimas pertenecen al complejo B y por eso tiene interés el tomar levadura de cerveza.

4

Colesterol y triglicéridos (lípidos)

COLESTEROL

El colesterol es una sustancia que se encuentra en la sangre. Procede de los alimentos que tomamos y también puede sintetizarse en el hígado cuando la dieta no provee de la cantidad necesaria para el buen funcionamiento del organismo.

El colesterol, podemos decir en el lenguaje vulgar que es el «padre» de ciertas hormonas esteroides y debe encontrarse en la sangre en cantidades comprendidas entre 150 y 250 miligramos por 100 centímetros cúbicos de sangre. En la actualidad se ha rebajado el límite máximo.

El exceso de colesterol se elimina con la bilis y parte del mismo se reabsorbe en el intestino junto con el que procede de la alimentación.

El colesterol es un lípido que tiene un grupo alcohol, por lo que se puede esterificar con los ácidos grasos procedentes de las grasas, los aceites alimenticios y de la lecitina.

Cuando los mecanismos de eliminación del exceso de colesterol no funcionan correctamente, aumenta su proporción en la sangre, siendo una de las causas que conducen a trastornos circulatorios, arteriosclerosis, infartos y ataques cerebrales.

También el colesterol esterificado o colesterina puede precipitar en el líquido biliar, formando los «cálculos de vesícula», cuya única solución por el momento es eliminarlos quirúrgicamente. Sin embargo, ahora sabemos por qué se producen y en consecuencia estamos en situación de evitar su formación.

Cuando la proporción de una sustancia llamada «lecitina» baja en la bilis, la colesterina tiende a depositarse, formando los llamados «cálculos biliares». Es más, cuando a una persona se le ha extirpado la vesícula biliar —porque contenía cálculos—, si sigue con la tasa de lecitina baja, tendrá una bilis espesa que forma concreciones en el colédoco, que es el conducto que la vierte en el intestino, produciéndose de nuevo los «ataques de hígado».

Conozco casos de personas que padecían este problema y se ha solucionado tomando diariamente lecitina, que es un fosfolípido que tiene la cualidad de mantener emulsionado el colesterol (y también las grasa) en la bilis y en la sangre. Dicho de una manera que lo entienda todo el mundo, la lecitina mantiene en gotas finísimas los otros lípidos, en los líquidos del cuerpo humano que son acuosos, ya que las grasas y el colesterol tienden a agruparse. Para conseguir mantenerlos en un estado parecido a una disolución tenemos unas proteínas transportadoras de lípidos y la lecitina. Sobre la formación de dichas proteínas no podemos actuar directamente, pero sobre el contenido de la lecitina en la sangre sí, pues esta sustancia es un subproducto en la obtención del aceite de soja y desde hace unos años puede encontrarse a la venta, siendo uno de los alimentos más interesantes desde el punto de vista dietético, ya que en su composición se encuentra una molécula de fosfato y otra de colina, por lo que es un vehículo natural interesantísimo del fósforo y del precursor del neurotransmisor llamado acetilcolina.

Por lo que les he dicho, se habrán dado cuenta de que la lecitina es una molécula compleja y, en efecto, por una parte es «hidrófila» y por la otra es lipófila, debido a los dos ácidos grasos que también forman parte de la molécula gracias al grupo fosfato y a la colina.

Podemos decir que el lado lipófilo se entremezcla con las grasas y la colesterina de los grumos y ateromas y el lado hidrófilo las conduce desde los depósitos grasosos a la sangre y yendo las moléculas de una en una y no en grumos, pueden entrar en las células y allí metabolizarse.

Precisamente el ácido graso que está en la posición ß es el que esterifica el colesterol, transformándolo en colesterina, que es lo que los médicos llaman «el colesterol bueno».

Cuando la cantidad de colesterol en la sangre sobrepasa los 250 miligramos por 100 centímetros cúbicos, hay que reducir la ingesta de los alimentos ricos en el mismo, que son: los sesos, yemas de huevo, hígado, riñones, las vísceras en general, los patés, embutidos y quesos grasos y también los moluscos y crustáceos, es decir, los calamares, sepias y mariscos en general.

También ha de disminuirse la ingestión de azúcar y alimentos dulces, incluida la miel; incluso las frutas deben consumirse en la cantidad de unos 180 gramos en cada toma, que viene a ser una manzana, una naranja, o una pera..., pero pueden comerse cinco veces al día. Es decir en el desayuno, a media mañana, en la comida, merienda y cena.

Cuando limitamos las frutas por tener exceso de lípidos en la sangre, recomendamos tomar ensaladas de tomate crudo con zumo de limón y todos los alimentos ricos en vitamina C, ya que esta es necesaria para la transformación de la colesterina en ácidos biliares y evitar así su exceso en la sangre.

Incluso es interesante elegir las frutas que se ingieren a lo largo del día entre las que contienen en mayor medida esta vitamina, como naranjas, pomelos, kiwis, peras, piña, mango, etc.

El alcohol también tiende a aumentar la tasa de los lípidos; con este en la forma de Acetil-co-A se sintetizan colesterol y ácidos grasos saturados si no hay un gran gasto de energía que lo queme en el ciclo de Krebs.

Por ello, las personas con exceso de lípidos en la sangre (colesterol y triglicéridos) deben dejar de consumir bebidas alcohólicas como coñacs, licores, vermuts, y si se toma vino en las comidas no pasar de cantidades muy moderadas.

Hay infusiones que ayudan a regular la tasa de colesterol sanguíneo. Van muy bien las de «Centaura», que es una hierba cuyo sabor es tan amargo que yo suelo recomendar se tome una vez fría.

También es muy recomendable tomar el pan integral, ya que la fibra arrastra con las heces el colesterol que fijan por absorción y también por adsorción; es decir, el que se ha «pegado» a sus paredes.

TRIGLICÉRIDOS

Las grasas y los aceites son ésteres de la glicerina y los ácidos grasos. Es decir, en el lenguaje químico son triacilglicéridos y en el vulgar, triglicéridos o grasas.

Los ácidos grasos que corrientemente se encuentran en los productos alimenticios son los de 16 y 18 átomos de carbono y pueden ser «saturados» e «insaturados». Los saturados tienen la cadena recta y dan lugar a grasas saturadas que simplemente llamamos *grasas;* tales son la mantequilla, mantecas y sebos. También la manteca de cacao, la de cacahuete y las margarinas. Precisamente el hecho de que las grasas sean tan espesas, se debe a que las cadenas de los ácidos «palmítico» y «esteárico», que son saturados, son rectas y en consecuencia forman compuestos más compactos.

Por el contrario, los ácidos grasos con una insaturación hacen un codo, tal es el «oleieo», que abunda en el aceite de oliva. Los que tienen dos insaturaciones hacen dos codos, como en el caso del «linoleico», que se encuentra muy abundante en los aceites de maíz, girasol y pepita de uva.

Como consecuencia de estos codos, las grasas que forman los ácidos grasos insaturados dejan más huecos, más espacios, son menos compactas y a la temperatura ordinaria se presentan en estado líquido y las denominamos *aceites.*

Son aceites, además de los ya citados de oliva, girasol, pepita de uva y germen de maíz, el de almendras, que es muy parecido al de oliva; el de nueces, que es tan ligero como el de girasol, y el de avellanas, que es intermedio.

También son aceites los de los pescados azules, siendo algunos de ellos, como los de sardinas y otros, muy insaturados. Es decir, muy líquidos y ligeros.

Aún se encuentran entre los alimenticios, aceites que tienen ácidos grasos con tres insaturaciones y por tanto tres codos. Tal es el «linolénico», que en pequeña proporción se encuentra en el aceite de soja y en mayor proporción en el aceite de linaza, entre los vegetales y que es más abundante en los aceites de pescados y, por tanto, sobre todo en los llamados «azules». Estos ácidos grasos se modifican con facilidad por la acción del calor, por lo que el aceite de soja no debe utilizarse para freír, y también se oxidan con facilidad, enranciándose al poco tiempo de estar en contacto con el aire y la humedad.

Fíjense, y es muy importante, que hay grasas saturadas, o sea sólidas y pastosas, de origen vegetal como las de cacao, cacahuete y margarinas y la casi totalidad de las suministradas por animales terrestres.

Y hay grasas líquidas, o sea aceites, de origen vegetal —la mayoría— y también los de los pescados llamados «azules».

¿Cómo utiliza nuestro organismo las grasas? Estas son alimentos energéticos que nos suministran el calor que necesita el cuerpo para mantenerse a la temperatura constante de unos 37º C, y también entrando a partir del Acetil-co-A en el ciclo de

Krebs, podemos obtener de ellas energía mecánica, es decir «joules», para movernos y trabajar cuando se ha agotado la glucosa.

Tanto las grasas sólidas como las líquidas o aceites nos suministran la misma cantidad de energía: 9 cal/gramo.

¿Cuál es la diferencia esencial desde el punto de vista de su valor alimenticio entre las grasas y aceites? Las de origen animal, sean sólidas o líquidas, nos aportan vitaminas A y D; es decir, las mantecas, la nata de la leche y los aceites de sardinas y pescados son el vehículo natural de las vitaminas A y D, siendo extraordinariamente rico en las mismas el aceite de hígado de bacalao.

En cambio, los aceites vegetales nos proveen de vitamina E.

¿Y desde el punto de vista de la circulación, hay alguna diferencia entre grasas y aceites? Sí, hay una diferencia fundamental.

Como las grasas después de ser digeridas y absorbidas en la pared intestinal se recomponen de nuevo y pasan a la sangre recompuestas en forrma de triglicéridos, si son pastosas o sólidas, pueden formar ateromas junto con el colesterol, estrechando los vasos sanguíneos, perjudicando en consecuencia la circulación. Es decir, un exceso de grasas sólidas en la sangre conduce a la arteriosclerosis, que es un proceso en el que primero se originan los depósitos de lípidos (grasas y colesterol) y luego se calcifican y endurecen.

En cambio, los aceites al ser líquidos, se entiende perfectamente que circulan con mayor fluidez y no originan estorbos y obstáculos al paso de la corriente sanguínea.

¿Qué debe hacerse cuando una persona tiene triglicéridos en exceso? Prácticamente lo mismo que cuando se tiene colesterol.

DIETAS A LA CARTA

En la siguiente tabla resumimos los requisitos o bases para evitar tener triglicéridos en exceso:

REQUISITOS PARA REDUCIR TRIGLICÉRIDOS
• Suprimir las grasas sólidas de origen animal y también las margarinas, manteca de cacao, cacahuetes... • Disminuir los huevos de la dieta y tomarlos preferentemente en el desayuno. • Eliminar los sesos y vísceras en general. • Disminuir los mariscos, los azúcares, la miel, las frutas muy ricas en glucosa, como la uva y el melón. • Dejar de tomar licores de alta graduación alcohólica. • Tomar lecitina diariamente.

Tomar lecitina mejora el problema, ya que la lecitina emulsiona los grumos de grasas y los ateromas ya depositados en los vasos sanguíneos. Es decir, para separar molécula a molécula las grasas de los acúmulos que tienden a formarse apegotonándose muchas moléculas de las mismas. La lecitina enreda —por decirlo así— su parte aceitosa en la grasa y la parte soluble en el agua conduce las moléculas a la sangre, donde de una en una entran en el interior celular y allí se metabolizan, quemándose en las mitocondrias del citoplasma de las células.

Además, y esto es muy importante, la lecitina nos suministra fósforo, que es un elemento cuya ingestión disminuye extraordinariamente al evitar el consumo de huevos, sesos, vísceras y mariscos.

Por ello, con la lecitina no solo mejoramos la circulación de la sangre al ayudar a la desaparición de los ateromas formados y prevenir la formación de nuevos, sino que hacemos un interesantísimo aporte de fósforo que conduce a una mejoría extraordinaria de las facultades mentales que se manifiesta en una recuperación de la memoria, en una mejoría para afrontar situaciones de estrés..., en las depresiones y ansiedad y todas las manifestaciones de lo que hace unos años se denominaba «surmenage».

Tanto en relación con el metabolismo del colesterol como en el de las grasas interviene en numerosos pasos al ATP (o adenosintrifosfato) y la lecitina además es el alimento más indicado para proveernos de grupos fosfato y con ellos poder formar ATP, que es la molécula de «alta energía» más utilizada por el cuerpo humano en su metabolismo.

Pero el ATP necesita un «cofactor» que necesariamente ha de ser un catión divalente. Concretamente, en el interior celular, la actividad del ATP es magnesio dependiente, siendo únicamente activa la molécula Mg^{++}-ATP.

Como este mineral, debido a los abonos corrientemente utilizados, está escaseando cada vez más en los terrenos agrícolas, ha disminuido su cantidad en los alimentos que tomamos actualmente y por ello es imprescindible complementar en magnesio la dieta cuando se tienen calambres, hormigueos o se «duermen» los dedos o extremidades. Si se tiene la sensación de que «laten» los párpados o se ven lucecitas al cerrarlos, si se han expulsado alguna vez cálculos o arenillas de fosfato y oxalato cálcico. Si se exfolian las uñas, hay caída de cabellos, se duerme mal o se tienen pesadillas, sobre todo en la segunda mitad de la noche. También es un síntoma de falta de magnesio el despertarse cansado; hay personas que refieren que «se despiertan más cansadas que cuando se acostaron» y que no entienden por qué cualquier actividad les produce después una laxitud enorme.

Otros síntomas son tener espasmos: en la vesícula, en los intestinos, estómago, diafragma (con hipo), bostezos irreprimibles o sensación de bola en la garganta.

En todos estos casos suele haber una deficiencia notable de magnesio que es muy seria cuando se tienen taquicardias, estrasístoles, «palpitaciones», dolorcitos y punzadas en la región precordial y el médico en una exploración dice que el corazón está bien, que son «nervios».

La solución de estas manifestaciones de la deficiencia de magnesio consiste en tomar un suplemento de este mineral, sea en forma de cloruro o carbonato magnésicos, que son los compuestos más baratos y más efectivos del mismo.

¿Qué tiene que ver el magnesio con el exceso de colesterol y triglicéridos?

Repito: como cofactor o activador del ATP, que son las moléculas que en mayor medida utiliza nuestro organismo en el trabajo del hígado y otros órganos para la transformación del colesterol en hormonas, en su eliminación y también en varios pasos del metabolismo de las grasas.

5

Arteriosclerosis

Como su nombre indica, la *arteriosclerosis* es un endurecimiento de las arterias, ya que en griego «skleros» significa duro. Este problema, en ocasiones, suele ser subsiguiente a la formación de depósitos de grasas y colesterol en los vasos. (Ver capítulo anterior *Colesterol y triglicéridos*.) Pero en la actualidad, cada vez es más frecuente encontrarnos con personas que, teniendo la tasa de lípidos correcta, presentan las manifestaciones que aparecen cuando las arterias están endurecidas y que, por ese motivo, no permiten el paso del pulso de sangre con fluidez, al haber perdido su elasticidad.

¿Qué factores pueden influir aparte del exceso de lípidos en la pérdida de la elasticidad y consiguiente endurecimiento de las arterias? Su calcificación y su contracción.

En efecto, la nicotina del tabaco es vasoconstrictora, siendo la consecuencia del hábito de fumar el tener las arterias en una contracción permanente, que evidentemente estrecha la luz de los vasos, dificulta la circulación sanguínea y provoca el aumento de la presión de la misma.

¿Hay otros motivos que pueden provocar una constricción arterial? Sí, el estrés aumenta las descargas de adrenalina y noradrenalina y estas hormonas, entre otros efectos, provocan la contracción de ciertas arterias.

Tengo bastantes casos resueltos de este problema con la toma de dos infusiones al día con: Melisa + Espino blanco + Hierba Luisa y Flor de naranjo.

Muy recientemente hemos sabido que también conducen a una contracción arterial la falta de fósforo y magnesio. Este problema se traduce en una ligera tetania permanente en las arterias porque no funcionan bien las bombas de transporte activo del potasio al interior celular y expulsión del sodio y calcio al exterior de las células que forman la túnica muscular de las arterias. La contracción arterial por esta causa, en la actualidad es frecuentísima y la explicación es que la repolarización de las fibras musculares se consigue reponiendo las concentraciones iónicas del citoplasma celular y este trabajo fisicoquímico utiliza la energía del ATP o adenosintrifosfato, que es una molécula que necesita como cofactor el magnesio, el cual debe tener una determinada concentración en el interior de la célula para ser eficaz.

Como tantas veces he explicado, la deficiencia de magnesio alcanza a muchísimas personas de los países que utilizan el abonado químico que hasta el momento se recomienda en agricultura.

Es decir, sin saberlo, estamos tomando menos magnesio con los alimentos que lo que se ha tomado a lo largo del del siglo xx,

y entre los trastornos que puede causar esta carencia se encuentran el tener los músculos de fibra lisa y también los de fibra es-
tirada como en una cierta tetania permanente —es decir, algo
contraídos—, que se manifiesta en una hipertensión en los que
afectan a las arterias y en un gran cansancio en cuanto afectan los músculos esqueléticos, es decir, los de los brazos, piernas, etc.

Cuando la hipertensión tiene este origen, es muy corriente
que la mínima esté descompensada, siendo alta, o sea, acercán-
dose a la máxima.

¿Y el ATP? ¿Cómo regeneramos el ATP en nuestro organismo? Cuando actúa el adenosintrifosfato, pierde una o dos moléculas de grupos fosfato que se reponen con las de los alimentos
ricos en fósforo. Y ¿cuáles son estos alimentos? Las yemas de
huevos, sesos, criadillas, vísceras en general, huevas de pescado, mariscos y ciertas semillas.

Precisamente son los alimentos que corrientemente se prohí-
ben a las personas con trastornos circulatorios.

¿Se puede subsanar esta disminución de fósforo de la alimentación que usualmente toman las personas afectadas por la
arteriosclerosis? Sí, con la lecitina de soja. Este alimento es una
molécula compleja: en parte es aceitosa, poseyendo además un
grupo fosfato que nos va a suministrar el fósforo necesario para
regenerar el ATP y tener de nuevo la energía suficiente para realizar la contracción y relajación arteriales.

Y falta explicar ahora cómo y por qué es tan frecuente también en la actualidad que se produzcan arteriosclerosis por pro-

cesos de calcificación de las arterias, que conducen a una pérdida de la capacidad de audición, a una disminución de la vista, a fallos en la memoria y una gran disminución de la capacidad de retención cuando se lee o estudia.

Las personas que sienten silbidos, ruidos en los oídos, que explican que tienen como «un vacío» en la cabeza que no les permite recordar ni pensar con claridad, que están atontadas y en los análisis no hay colesterol ni triglicéridos en exceso, suelen estar afectadas por una calcificación de las arterias que incluso es visible en las radiografías. Los pulmones, los riñones y los intestinos se ven blanquecinos; la aorta y otros vasos son perfectamente visibles en las placas radiográficas debido al calcio que se incrusta en sus paredes.

Los afectados por este problema incluso pueden ser pacientes hipotensos, yo he visto muchos casos y, sin embargo, la arteriosclerosis es manifiesta en sus síntomas e incluso visible en las radiografías.

El origen de este trastorno es una medicación con compuestos de calcio que se han recetado por distintos motivos en muchísimos casos.

Pero lo que resulta paradójico en muchos enfermos con arterias, riñones y pulmones calcificados es que se padezca a la vez una manifiesta osteoporosis, o sea, una descalcificación del esqueleto. ¿Hay alguna relación entre este trastorno de los huesos y la calcificación de las arterias? Sí, hay una relación de causa-efecto. Es decir, precisamente la osteoporosis, el hecho de que los huesos no fijen el calcio, es la causa de que este se encuentre en exceso en las arterias, los riñones, los pulmones e incluso las válvulas del corazón.

¿Por qué es tan frecuente en la actualidad este problema? Lo sabemos; los huesos están formados por una materia orgánica que prácticamente su totalidad es una proteína que se llama «cólageno» y cuya composición y estructura ahora es perfectamente conocida. Su formación es más compleja que la de otras proteínas, pues primero se forman como unos «hilos» que son cadenas de aminoácidos; se unen tres de estos «hilos», formando un cordón que recibe el nombre de tropocolágeno y luego estos cordones se colocan unos a continuación de otros y también al costado, dejando unos huecos que miden 400 Amstrongs que es donde se coloca el calcio en forma de fosfato cálcico.

La síntesis del colágeno, como la de cualquier proteína, exige que la alimentación aporte suficientes proteínas, fósforo y magnesio, y además precisamente para formar el «cordón», de tropocolágeno se precisa vitamina C.

Si la dieta es pobre en cualquiera de estos nutrientes, no se fabrica colágeno y falta el soporte material para retener el calcio en los huesos, produciéndose depósitos cálcicos en cualquier parte del cuerpo en la que se encuentren ácidos grasos, colesterol, ácido úrico, ácido oxálico, fosfórico o se forma ácido carbónico, pues todos los citados pueden formar sales insolubles y duras con el calcio y que evidentemente se aprecian en las radiografías, pues lo que vemos en las mismas precisamente son los tejidos calcificados.

¿Hay solución para este problema? Sí, hay que tratar la descalcificación del esqueleto tomando en la dieta suficientes proteínas, fósforo, magnesio y vitamina C y nunca, nunca, tomar compuestos de calcio aunque se haya detectado una osteoporosis.

Precisamente este último problema lo padecí yo misma. Tenía una tensión muy baja, una osteoporosis generalizada, una calcificación de riñones —hasta el punto de eliminar frecuentemente barros y arenillas— y una arteriosclerosis a los cuarenta y cinco años, que nadie sabía explicarme el porqué. Sentía pitos y zumbidos en los oídos; mi cabeza estaba como «hueca» o con la sensación de tener una nube dentro que no me dejaba pensar con claridad. No hablemos ya de mi memoria, pues prácticamente no podía recordar casi nada y padecía siempre frío, un frío que me entumecía las manos y me obligaba a llevar plantillas de lana en los zapatos y parecía que me «calaba» en los huesos, era algo que me tenía acobardada. Me acostaba con tres bolsas de agua caliente y acostumbraba a decir que se debían fabricar unas tubulares en forma de U que pudieran rodear todo el cuerpo.

Hoy afortunadamente todo aquello es un recuerdo; parece como si no lo hubiera vivido, que solo hubiera sido una larga pesadilla. Y no se resolvió con ninguna medicación; pura y simplemente, equilibrando la dieta y añadiendo magnesio y lecitina a la alimentación diaria.

De modo que cuando se ha presentado y también para prevenir la arteriosclerosis, conviene llevar o seguir las siguientes pautas:

PAUTAS PARA EVITAR LA ARTERIOSCLEROSIS

- No tomar grasas sólidas ni consumir alimentos ricos en colesterol.
- No abusar del tabaco.
- No abusar de la sal si se tiende a ser hipertenso.
- En situaciones de estrés tomar infusiones relajantes.
- Tomar suplementos de magnesio y lecitina para evitar la vasoconstricción por hipomagnesemia o por falta de fósforo, que es un problema muy estudiado en Francia y Estados Unidos y que concluyen en que hay que hacer dietas ricas en vitaminas A y D.

Para la A, pueden tomarse zanahorias en zumo, crudas o cocidas (pues el calor no altera esta vitamina), y para la D, o el sol a dario, o aceite de hígado de bacalao, que puede encontrarse en perlas fáciles de tomar y que evitan un sabor que resulta desagradable para muchas personas.

HIPERTENSIÓN

Según la Organización Mundial de la Salud (OMS), hay hipertensión cuando la presión sistólica registrada en el momento de la contracción cardiaca pasa 14 cm de mercurio (en personas de edad, se admite que la máxima puede llegar a 16) y cuando la presión diastólica registrada en el momento de la relajación del corazón pasa de los 9 cm de mercurio.

Ello indica que la presión de la sangre en los vasos sanguíneos es demasiado fuerte.

Un 30% de los hipertensos tienen problemas de riñón, debido a que el filtro renal o el control hormonal sobre el mismo sufren un desarreglo. Entonces se produce una gran retención de sal y de agua en el organismo, se produce en consecuencia un aumento de volumen sanguíneo que lleva a la hipertensión.

En los organismos de todos los seres vivos la concentración de sal en la sangre tiene una estabilidad muy notable; ello implica mecanismos reguladores extraordinariamente precisos a nivel renal. Así, cuando la tasa de sal en el cuerpo es insuficiente, el riñón, por la acción en cascada de dos hormonas —la angiotensina y la aldosterona—, retiene la sal, impidiéndola pasar a la orina.

A la inversa, cuando la concentración de sal aumenta, el riñón, por la acción de la hormona antidiurética, impide que el agua se vaya en la orina a fin de mantener estable la tasa de sodio en la sangre.

Pero como hemos dicho al principio, si el filtro renal o el control hormonal sufren trastornos puede producirse una gran retención de sal y agua, con lo que los vasos sanguíneos al aumentar la cántidad de suero están sometidos a una mayor tensión.

¿Qué ayuda podemos ofrecerles a estos pacientes? Hierbas diuréticas como la grama, cola de caballo, estigmas de maíz y algunas más, como extracto de apio, que es un gran diurético, y cápsulas y perlas con ajo en polvo o esencia de ajo respectivamente, que son, como el ajo mismo, vasodilatadores.

Conviene que estas personas conozcan cuáles alimentos tienen propiedades diuréticas, y que son: la cebolla, los puerros, los espárragos, el apio, el perejil, y entre las frutas, la sandía.

Cuando hay «nefrocalcinosis», es decir, los túbulos renales se están recubriendo de una costra de sales cálcicas, el doctor Rapado en España y un grupo de médicos del Hospital Cochin en Francia, explican cómo un tratamiento con magnesio moviliza ese calcio renal, lo que explico con más detalle en un libro titulado *El magnesio*[1].

Pero nos hemos referido hasta ahora a ese 30% de personas con tensión elevada debida a su problema de filtración renal. Hay, por tanto, un 70% de hipertensos que son los que padecen la llamada «hipertensión esencial», que está muy relacionada a su vez con la hipertensión denominada «emocional».

Algunas de estas personas emotivas en las que el sistema nervioso neurovegetativo se les «dispara» con gran facilidad, les va muy bien una o dos infusiones diaras con Espino blanco, Melisa, Hierba Luisa y Flor de naranjo.

Y pasamos a considerar los casos de presión alta debida a factores hereditarios, que es la denominada «esencial» como antes dijimos. En ciertas personas hay una cierta predisposición que se favorece en determinadas circunstancias, como son: exceso de ingestión de sal, obesidad y estrés.

---

[1] Publicado también por Editorial Edaf, Madrid, 2011.

¿Cuál es el mecanismo que conduce a esta hipertensión? El aumento de grosor de la pared muscular arterial que lleva a un aumento de la presión y consiguiente disminución de la luz interna de los vasos.

Una arteria es un tubo formado por una suave pared endotelial rodeada por un tejido constituido por fibras musculares el cual está formado por células lisas. Estas normalmente están distendidas y así no estrangulan la pared formada por el endotelio. La sangre circula entonces a la presión debida.

En una célula normal existe un equilibrio entre el líquido interno o citoplasma y el líquido que la baña o líquido interstial. Precisamente gracias a este equilibrio, que no es estático sino dinámico —es decir vivo—, la célula está relajada.

¿Cómo es este equilibrio? En el interior debe haber más iones potasio K^+ y Mg^{++}, aunque el líquido que rodea las células es más rico en iones sodio Na^+ y calcio Ca^{++}.

Estas concentraciones iónicas en los líquidos bióticos están mantenidas mediante cambios pasivos (por ósmosis) y activos, que funcionan contra un gradiente de concentración.

Los cambios pasivos van desde el medio más concentrado en un mineral al de menor concentración; en consecuencia, el calcio y el sodio tienden a entrar en la célula, mientras el potasio tiende a salir; los movimientos de estos iones se hacen a través de canales que existen en la membrana. Estos transportes se hacen sin gastos de energía.

Por el contrario, los intercambios activos tienen lugar gracias a unas bombas situadas en la membrana celular; estas envían el exceso de calcio y sodio al exterior y consiguen la entrada de potasio a pesar de que su concentración es mucho mayor en el interior de la célula. El carburante de estas bombas es la adenosina trifosfato ATP, que es magnesio dependiente.

El bombeo activo al exterior celular es efectuado por dos tipos distintos de bombas. En uno de ellos, el transporte de potasio hacia el interior va ligado necesariamente al paso de sodio hacia el líquido intersticial. Este tipo de bomba se denomina «bomba neutra acoplada», puesto que el intercambio de Na^+ por K^+ es obligatorio. En la actualidad se sabe que la que se llamó «neutra acoplada» mete 2 iones K^+ y saca 3 Na^+, por lo que al igual que la bomba de calcio, que se llamó «electrogénica», esta también ayuda a generar la diferencia de potencial eléctrico que hay entre el interior y exterior celular.

En el segundo tipo de bomba el transporte hacia fuera de Ca^{++} no está ligado con el paso de iones de potasio hacia el interior. Al sacar iones positivos de la célula sin la entrada compensada de otros del mismo signo, se origina un gradiente de potencial eléctrico, por lo que a ésta se la llama «bomba electrogénica» y se presume que sea precisamente la bomba electrogénica de calcio la responsable fundamental de la creación de diferencias de potencial transmembranas, que son muy manifiestas en las céculas musculares y nerviosas en las que llegan 60 mV y 80 milivoltios.

En la hipertensión la capa de tejido muscular se ha inflado, por lo que ejerce una presión mayor. Al no funcionar bien las bombas, queda imbricada la actina con la mosina, que son unos filamentos que hay en las fibras musculares, que se deslizan entre sí, haciendo que al acortarse la célula quede más gruesa. Si no se consigue todo el retroceso de la actina, las paredes arteriales que están formadas por estas fibras engruesan, la luz del vaso disminuye, la cavidad de la arteria queda estrechada y en consecuencia la sangre circula por la misma sometida a una presión anómala.

La actina y miosina pueden incluso formar bridas internas que ponen en tensión la célula, conduciendo a que se infle la capa muscular que rodea la arteria.

Algunos investigadores han ensayado para ver si las células de la pared arterial de los hipertensos tenía alteraciones en el metabolismo del sodio, y tanto el profesor L. Tobian como el doctor Allan W. Jones han encontrado efectivamente un aumento del contenido de sodio en la pared arterial.

Otros investigadores del hospital Necker de París han confirmado la existencia de un aumento en la permeabilidad de las membranas para el Na^+ (sodio) de las células lisas musculares. Este trastorno, como puede deducirse, conduce a un aumento del sodio y un déficit de potasio en el interior celular.

La causa de este problema es una alteración en el funcionamiento de las bombas de la membrana, y se cree que el aumento de la concentración de sodio intracelular vuelve a estas células musculares más sensibles a la acción de ciertas sustancias liberadas por los nervios simpáticos que les inducen a contraerse, entrañando la disminución de la luz de los vasos sanguíneos.

Resumiendo, podemos decir que la «hipertensión» resultaría de un aumento del volumen sanguíneo o de una contracción en las paredes musculares de los vasos.

También, con lo que hemos explicado anteriormente, podemos observar la relación del aumento de tensión en los emotivos debida a la acción que ciertas hormonas liberadas por los nervios simpáticos ejercen sobre la imbricación de la actina y miosina, conduciendo a la contracción de la célula muscular, mientras en otras personas el mismo efecto es causado por su problema en el intercambio de minerales.

PAUTAS PARA LOS HIPERTENSOS[*]

- No consumir mucho sodio (sal común).
- Tomar hierbas sedantes en situaciones de estrés.
- Equilibrar la alimentación en fósforo y magnesio para conseguir un buen funcionamiento de las bombas que eliminan el sodio y el calcio del interior celular y hacen penetrar el potasio.
- No fumar.
- Tomar infusiones diuréticas. Ver también el capítulo *Arteriosclerosis*.

---

[*] Para obtener más información, véase el capítulo «Arteriosclerosis».

6

Artrosis

La artrosis es un problema de las articulaciones en las que se destruye el cartílago mucho más rápidamente de lo que se regenera, por lo que su espesor va disminuyendo, con lo que se acercan los huesos y producen pinzamientos en los nervios con dolores en las piernas y cintura si afecta a los discos de la región lumbar; de los brazos, cabeza, garganta, mandíbulas, etc., si el problema es muy grave en las regiones dorsal y cervical, y es muy corriente también la aparición de vértigos, sensación de inseguridad al andar y como un agarrotamiento en todas las articulaciones.

Cuando la artrosis afecta a la cadera, el dolor se siente en la misma y baja por la pierna; en otras ocasiones se sitúa en las rodillas y se siente sobre todo al bajar escaleras; también suelen doler las ingles.

Al agravarse, aparecen como unas formaciones óseas en los extremos de las superficies articulares que presionando los nervios agudizan los dolores.

Este problema puede presentarse en cualquier articulación del cuerpo, tanto en la columna vertebral, como en el hombro, cadera, rodilla, dedos y pies.

Un trabajo fatigoso como el levantar cargas pesadas o hacer un gesto repetidamente, el pasar muchas horas sentado, una postura defectuosa, acentúan el problema en una articulación u otra.

La artrosis, cada vez más frecuente, es muy penosa y afecta a personas cada vez más jóvenes que pueden convertirse en inválidas.

Además es un problema que se agudiza en los países adelantados en los que, en teoría, sus habitantes están bien alimentados. Generalmente, o muy frecuentemente, la persona con artrosis suele tener también osteoporosis, es decir, descalcificación del esqueleto, y paradójicamente también esta enfermedad es otro de los problemas que está adquiriendo gran incremento en los países de alto nivel de vida, que son aquellos en los que precisamente las personas consumen mayores cantidades de leche y quesos, que son los alimentos más ricos en calcio.

Por otra parte, cuando se dan estos problemas en los huesos, es muy corriente que la persona tenga, en mayor o menor grado, una calcificación de los ateromas grasosos de sus vasos sanguíneos, es decir, arteriosclerosis.

¿Por qué sacar esto a colación ahora? En realidad, estas tres enfermedades y la formación de cálculos de oxalato cálcico en los riñones, la formación de coágulos o trombos, la vulnerabilidad frente a las infecciones y la mayor incidencia de cáncer, además de otras como la presentación de calambres, arritmias y taquicardias, tienen *todas* un común denominador, que es la deficiencia de magnesio.

¿Qué relación hay entre este elemento y la regeneración de los cartílagos? Es lo que voy a explicar en este capítulo.

¿Y entre el magnesio y la calcificación de los ateromas grasosos de las arterias? Está comentada en el capítulo de la Arteriosclerosis y el resto de los desequilibrios producidos por la deficiencia de este mineral y se entiende bien cuando se considera el papel que juega el magnesio en los organismos de los seres vivos.

a) Interviene en todas las biosíntesis. Por lo tanto, en la formación de proteínas y reparación del ADN, y de ahí su relación con la prevención del cáncer y formación de anticuerpos y glóbulos blancos.

b) También en el transporte activo a través de membranas, es decir, siempre que en este se necesita un consumo de energía.

c) Es necesario en la relajación muscular y, por tanto, en el mantenimiento del ritmo cardiaco.

Pero volvamos a la artrosis, que hemos dicho es un problema en que el desgaste del cartílago va más de prisa que su reposición. ¿Cómo es este? Es un tejido conjuntivo relativamente firme y elástico en el que hay unas células situadas entre una sustancia semisólida rica en colágeno, fibras elásticas y mucopolisacáridos. Y yendo al fondo del asunto, ¿qué se necesita para fabricar colágeno, elástina y mucopolisacáridos?

Vayamos por partes: el colágeno es la proteína más abundante en nuestro cuerpo; ella sola constituye más de un tercio de los prótidos totales del mismo y los genes del ADN (nuestro código genético), que están muchas veces repetidos, se cree que precisamente son los que codifican la formación de la misma. El colágeno o colágena está formado por una hélice con tres cadenas polipéptidas (aminoácidos encadenados unos con otros), las cuales se mantienen juntas entre sí por puentes de hidrógeno, que son unas uniones que se forman con los restos de hidroxiprolina que hay esparcidos a lo largo de las cadenas polipeptídicas. Aquí llega el momento de explicar que para que se unan los restos de prolina, que son los aminoácidos que la alimentación suministra y que va uniendo a otros y con la glicocola, que abunda mucho en el colágeno, hace falta vitamina C. A falta de la misma, no se pueden reducir los aminoácidos antes mencionados y no puede formarse el trenzado de los tres filamentos polipéptidos para formar el cordón de tres cabos que es el colágeno.

Precisamente por falta de vitamina C, los marinos antiguos cogían escorbuto, que es una enfermedad en que sangran las encías y se aflojan los dientes, hay derrames en los vasos sanguíneos, y como yo esperaba y lo andaba buscando en la descripción de la enfermedad, cuando la persona vive meses con el escorbuto, aparece la artrosis generalizada en sus articulaciones.

Sabemos ya que para mantener en forma nuestros cartílagos y nuestro tejido conjuntivo hace falta vitamina C, que nos la suministran las frutas y verduras frescas.

Naturalmente, si el colágeno y la elastina son proteínas, hacen falta aminoácidos, que son sus constituyentes; estos provienen de los prótidos de la alimentación y sabemos que abundan en las carnes, pescados, huevos, quesos, leche, frutos secos y leguminosas, singulannente la soja.

Pero hoy sabemos más, conocemos perfectamente cómo tiene lugar la síntesis de proteínas por los seres vivos, y está completamente aclarada la necesidad para la misma de moléculas de alta energía, como ATP, GTP, que son dos nucleosidotrifosfatos y magnesio, además de enzimas, naturalmente.

Y hemos llegado al nudo de la cuestión. Como tantas veces he repetido, la alimentación occidental es deficiente en magnesio. El abonado químico ha desequilibrado extraordinariamente el contenido de cationes en los suelos, que se han enriquecido en potasio. Este elemento es antagónico del magnesio para su absorción por los vegetales, y sucede que, además de incompleto, el abonado mineral perjudica seriamente la absorción del poco magnesio que está quedando en los terrenos, pues los abonados recomendados hasta ahora, en muy pocas ocasiones han tenido en cuenta la restitución de este elemento a los suelos de labor, y cuando se recomiendan abonados de fondo ricos en potasio puede perjudicarse gravemente la absorción del magnesio, como se da un caso ocurrido en unos avellanares de Tarragona y lo he visto en árboles que crecían cerca del agua rica en potasio que escurría de un estercolero.

Ahora viene la observación que me hacen algunas personas que conocen algo o bastante de botánica. ¿Cómo, faltando magnesio, según dice usted, las plantas tienen este magnífico color verde? ¿No es el magnesio un elemento fundamental para la formación de clorofila por los vegetales?

Sí, el magnesio es el átomo central de la porfirina que hay en la clorofila, pero en contra de una creencia bastante generalizada, solo entre un 1 y un 5% del magnesio absorbido por las plantas se utiliza en la formación de ese pigmento. La mayor parte del magnesio (más del 95%) se encuentra unido a las moléculas de alta energía, como el ATP, y en forma iónica en la savia, y no son las hojas, son los frutos, las semillas y las yemas las partes del vegetal más ricas en este elemento, y lo digo porque sé que resultará una novedad para muchos. Tengo conmigo unas tablas de composición de alimentos y les transcribo el contenido en magnesio de algunas verduras y semillas, expresado en miligramos por 100 gramos de alimento.

Col	Escarola	Espinacas	Lechuga
14,8	12	55	10,5

Perejil	Almendra	Avellana	Cacahuete
52	252	99	160

Cacao	Dátiles	Nueces
420	83	185

Creo que estos datos son suficientemente significativos para no necesitarse más explicaciones.

Pero no solo por el concepto del desequilibrio mineral provocado en los terrenos de labor se nos ha disminuido la ración de magnesio en la alimentación. El pan blanco no solo es más pobre en vitaminas del complejo B que el integral, sino también en minerales, entre ellos el magnesio. Tengo aquí datos según los cuales el pan blanco de trigo tiene 25 miligramos de magnesio por 100 gramos, mientras que el integral tiene 52.

Y aún hay otra causa que ha disminuido la dotación de magnesio en la dieta, y es la sal seca que ahora utilizamos por comodidad de uso y almacenamiento y por ser menos amarga, en vez de aquella sal marina, gorda, húmeda, cuya agua provenía precisamente de que el cloruro magnésico que impurificaba el cloruro sódico es muy higroscópico, por lo que se humedecían los sacos que la contenían y se obturaban los agujeros de los saleros de mesa.

Centrando el problema, podemos resumir: en un desgaste de los cartílagos superior a su regeneración pueden intervenir varios factores. Aparte de los genéticos y enzimáticos, que son muy raros, hay tres bien definidos que proceden o pueden estar originados por la alimentación y son la deficiencia de vitamina C, la falta de aminoácidos debida a una alimentación pobre en prótidos y la carencia más o menos acentuada de magnesio.

En los países occidentales a los que me he estado refiriendo, en general la gente toma una alimentación variada y no faltan proteínas ni vitamina C en la dieta. En cambio, por las razones que he explicado, se da una deficiencia de magnesio.

Interesa por ello conocer qué alimentos son ricos en este elemento mineral, pero aquí es muy fácil dar valores equivoca-

79

dos, pues en realidad la riqueza en magnesio de los cultivos depende del que tengan los suelos y de que no se haya hecho un abonado potásico importante —como se hace a veces en abonados de fondo con intención de que dure dos y tres años—. Es decir, el contenido bajo en magnesio de los vegetales puede provenir de una carencia primaria (poco magnesio en los terrenos) o de una secundaria, condicionada a un abonado muy rico en potasio o calcio.

Hechas estas reservas, hay una lista aproximada de alimentos ricos en el elemento que nos ocupa: soja, almendras, judías, habas, cacao, nueces, castañas secas, cacahuetes, avellanas, chocolate, gambas, cangrejos, almendras, navajas, ostras, salmón, sardinas y gelatinas obtenidas cociendo cabezas de huesos.

De todos modos, la manera más segura de complementar la ración de magnesio es tomar un suplemento entre 200 a 500 miligramos del mismo en forma de cloruro, carbonato o lactato.

La mejoría se obtiene poco a poco, pero ello no debe desanimar, pues el «turnover» o recambio óseo es muy lento; de todos modos, la persona con deficiencia magnésica en seguida nota que su estado general se beneficia extraordinariamente con la ingestión de este elemento, y aunque el problema de su artrosis vaya más despacio, muy pronto se encuentra como desentumecido, más ligero, con más ímpetu y mayor viveza física e intelectual; de propina se resfriará menos, las gripes serán más suaves y cogerá menos; si tiene bronquitis (no tabáquica) le mejorará... En fin, las defensas de su organismo salen beneficiadas y en consecuencia todos los problemas con origen infeccioso y de otros tipos. También se cierran con más facilidad las úlceras, heridas y quemaduras.

DIETA TIPO PARA COMBATIR LA ARTROSIS

Desayuno. Un huevo con jamón, o 60 g de York o pavo, o 50 g de serrano o lomo, zumo de naranja, 40 ó 50 g de pan y café o té con leche.

Comida. Un primer plato de legumbres, 100 a 150 g de carne y fruta, de preferencia cítricos, kiwi, peras o piña.

Otro: ensalada, un plato de pasta o de arroz (no muy abundante), 100-175 g de pescado y una fruta.

Merienda. Un yogur y una fruta; o un vaso de leche descremada con cacao.

Cena. Puré de verduras, pescado (100-150 g) y una fruta.

(La carne y pollo se entienden limpios.)

A la dieta añadir unos 400 miligramos de magnesio que equivalen más o menos a unos 3 g diarios de cloruro magnésico cristalizado, que se toman disueltos en agua, 6 comprimidos de cloruro magnésico o 4 de carbonato magnético o 1-1-1 cucharillas de carbonato en polvo con zumos o yogures o ensaladas... Es decir, debe repartirse a lo largo del día.

Aunque lo mejor, cuando hay que regenerar los cartílagos, tendones, huesos y ligamentos, es tomar colágeno con magnesio principalmente en el desayuno y cena, que en nuestro país son las comidas en las que por regla general no se toman suficientes proteínas (sobre todo los desayunos son muy pobres en estos alimentos y las cenas de las señoras que toman fruta y yogur).

En estos casos las cantidades recomendadas serían 1 cucharada sopera o 5 comprimidos en el desayuno y cena con cualquier líquido o el polvo mezclado con yogur, puré u otro alimento.

Pero hay más, pueden encontrarlo en barritas para llevarlo a cualquier parte y están indicadísimos en todos los deportistas que pueden tomarlo a cualquier hora con yogures, zumos o cualquier otra bebida.

No olviden que las proteínas una vez hecha la digestión solo están unas 5 horas en la sangre; por eso es muy interesante poder llevar este tipo de alimento con facilidad y tomarlo en cualquier ocasión que sea conveniente.

7

Diabetes

La persona que en un momento de su vida nota que pierde rápidamente la vista, ve sombras o tiene otra anomalía en los ojos, que tardan en curársele las heridas y quemaduras, que siente picazón, mucha hambre, mucha sed y que orina frecuentemente, debe ir al médico para que este determine con unos análisis si tiene exceso de azúcar en la sangre.

Cuando nosotros hacemos la digestión de los azúcares y del almidón, que es la sustancia constituyente de las harinas y féculas y, en consecuencia, del pan, pastas italianas, bollos, arroz, patatas y legumbres secas, pasa a la sangre glucosa. Este es un azúcar que nos suministra la energía que necesitan nuestros músculos para contraerse y en consecuencia para andar, mover los brazos y el cuerpo y realizar trabajo. También necesita glucosa nuestro cerebro para su actividad, es decir, para pensar, memorizar, estudiar, imaginar, recordar, etc.

La glucosa es, pues, un azúcar que nos suministra energía en la cantidad de 4 calorías por gramo, que utilizamos fundamentalmente para realizar trabajo y movernos. En consecuencia, apurando un poco más, podríamos dar su valor energético en «julios», que en Física es la unidad de trabajo, pero por costumbre se da en calorías. Además, la glucosa es un combustible que nos suministra también la energía que necesitamos para realizar la actividad intelectual, como ya he dicho.

No puede extrañarnos, en consecuencia, que siempre tengamos glucosa en la sangre, pues esta es el vehículo que transporta los alimentos y el oxígeno a todas las células del cuerpo y este azúcar lo estamos necesitando continuamente. Ahora bien, la cantidad normal de glucosa en la sangre está comprendida entre 0,7 g y 1,1 ó 1,2 g por litro. Es decir, puede haber una variación de 1,2-0,7 = 0,5 g de glucosa por litro de sangre.

Pero si la tasa de glucosa sube por encima de 1,2 gramos, entonces hay que alarmarse, pues quiere decir que ese azúcar no se metaboliza correctamente en nuestro cuerpo.

Conviene recordar que llamamos metabolismo a las reacciones que tienen lugar cuando los nutrientes han pasado a la sangre y los alimentos energéticos (glúcidos y grasas) los quemamos en unas combustiones lentas que nos proporcionan energía y calor, mientras que con los aminoácidos procedentes de las proteínas fabricamos nuestros prótidos corporales, tejidos, enzimas, hormonas, anticuerpos, neutrotransmisores, etc.

Podemos afirmar que la vida y la salud están basadas en que esas reacciones químicas de nuestro metabolismo se realicen correctamente.

La química de nuestro cuerpo es complejísima, y para que sus reacciones tengan lugar en las condiciones de temperatura, acidez o alcalinidad y presiones a las que vivimos, son necesarias muchísimas sustancias llamadas biocatalizadores que aceleran la velocidad de reacción, mientras que otras sustancias son necesarias para que los nutrientes puedan pasar desde la sangre al interior de las células, que es donde se realizarán las combustiones de los alimentos energéticos, y también la formación de proteínas, anticuerpos, etc.

Hoy día, por ejemplo, se sabe que el sodio es necesario, junto con el potasio, para que los aminoácidos, que son los constituyentes de las proteínas, puedan pasar al interior celular.

También la glucosa necesita que haya sodio, unas moléculas llamadas de «alta energía», e insulina para poder entrar en las células y allí quemarse en unos pequeños «hornos» llamados mitocondrias, que se encuentran en el citoplasma celular.

Y ahora hemos llegado al origen del problema. Hay personas que no fabrican insulina en cantidad suficiente, por lo que la glucosa no puede penetrar en las células y, en consecuencia, se queda en la sangre, pasando de la tasa superior y originando graves problemas. Cuando una persona en ayunas tiene una cantidad superior de 1,2 g de glucosa por litro de sangre, el médico debe corisiderar su caso. Si la cantidad de azúcar llega a 1,7 g por litro, llegamos al «umbral renal» y entonces aparecerá glucosa en la orina, que es más fácil de detectar, pues, como la glucosa es reductora, hay métodos de análisis sencillos que permiten descubrirla con facilidad e incluso ahora hay unas tiritas de papel impregnadas en una sustancia que cambia de color en presencia del azúcar y que vira más o menos intensamente según la proporción mayor o menor de este en la orina.

Ahora bien, ha de quedar claro que una persona puede dar análisis negativos en la orina y, sin embargo, tener exceso de glucosa en la sangre. Ya que las cantidades superiores a 1,2 g por litro no son normales, y sin embargo en la orina no aparecen señales de glucosa, corrientemente, hasta que se han llegado a los 1,7 g por litro.

A la cantidad de glucosa que hay en la sangre se le llama «glucemia», y cuando aparece glucosa en la orina se dice que hay «glucosuria». La glucemia puede ser normal, de modo que ese nombre no puede asustarnos, pues significa simplemente el azúcar que hay en la sangre y, en consecuencia, una glucemia normal significa que la cantidad de glucosa que tenemos es correcta.

En cambio, si hay glicosuria, o sea, hay azúcar en la orina, eso siempre significa un desequilibrio, pues en la orina no debe aparecer azúcar y cuando en esta se presenta es que hay una tasa superior a la que permite el «umbral renal», que es 1,7 g por litro de sangre.

Naturalmente, el diabético debe seguir estrictamente las recomendaciones de su médico, pues su enfermedad puede traer consecuencias graves.

Pero hay diabéticos compensados, es decir, que han rebajado ya su exceso de azúcar a la tasa normal, y a muchos de entre estos les basta seguir un régimen de comida adecuado para mantener su glucemia normal.

Otras personas son diabéticos potenciales, o prediabéticos, y también deben aprender a comer para que a ser posible su diabetes no aparezca.

¿Cuáles son las normas generales a seguir? Suprimir los azúcares, cuya digestión es rapidísima y en consecuencia dan en seguida una gran cantidad de glucosa que pasará a la sangre. Por ello deben dejar de endulzar las bebidas con sacarosa (azúcar corriente) y evitar los dulces y mermeladas preparados con sacarosa.

También deben suprimir la uva, uvas pasas, el melón, sandía, higos, ciruelas claudias y tomar las otras frutas con mucha moderación.

El arroz y las patatas apenas deben probarlos, pues son de muy fácil digestión y en consecuencia fácilmente proporcionarán una oleada de glucosaa la sangre.

El pan es mejor consumirlo integral (y cuanto más negro mejor), pues aparte de que la harina completa es más rica en vitaminas y minerales, este pan lleva una gran cantidad de celulosa que es indigerible para los humanos y, en consecuencia, el pan tiene un mayor peso para la misma cantidad de almidón y la digestión de este que está entre la celulosa es más lenta, por lo que el paso de la glucosa a la sangre va más pausadamente que en el caso de consumir pan blanco que casi está formado por almidón puro.

El pan integral, además, y debido a la cantidad de fibra bruta, es decir, de sustancias indigeribles que lleva, facilita la evacuación intestinal diaria y regular. Es uno de los mejores laxantes naturales que existen.

Las verduras como col, brócoli, acelgas y habichuelas (o judías) verdes, así como la lechuga, pepino y tomate en ensaladas, pueden consumirse en cantidades digamos «normales». No así la remolacha (que es muy rica en azúcar), las zanahorias y los puerros cuando se toman los mismos y su caldo al que ha pasado parte del azúcar que contienen. Por ejemplo, en el norte de España es muy corriente el consumo de un plato, la «porrusalda», preparado a base de patatas y puerros en el que se come la verdura y la salsa mezclados. El puerro tiene aproximadamente un 8% de azúcar que en parte pasa al agua en que se cuecen, pero como se toma la salsa, el diabético debe consumirlo con mucha moderación aunque no coma demasiadas patatas.

En cambio, los puerros hervidos en los que se desecha el agua y se comen como los espárragos, con una vinagreta por ejemplo, ya solo tienen un 5% de azúcares.

Pasemos a considerar las legumbres secas, o sea, las judías, garbanzos y lentejas. Cuando estos alimentos están cocidos tienen entre un 18 y un 20% de almidón y además cerca de un 10% de proteínas. Estos platos pueden consumirse con moderación, o sea, como cosa entre medio o tres cuartos de lo que consideramos un plato normal. Al tener bastantes pellejos (que están formados fundamentalmente por celulosa y por ello son indigeribles) su digestión es relativamente lenta y por ello la glucosa va pasando poco a poco a la sangre. En cambio, si estas legumbres se pasan por un pasapurés que no deja las pieles en lo que se va a comer, su digestión es mucho más rápida y ello debe ser tenido en cuenta como en cierto modo negativo para el diabético o prediabético.

Las habas y guisantes frescos también son legumbres, solo que solemos consumirlos frescos o congelados, que viene a ser lo mismo. También para estos alimentos es válido lo dicho para las legumbres secas. Su riqueza en prótidos es de un 7%, pero sus glúcidos suben a más de un 10% y pueden llegar a un 20%. Además, en los guisantes gran parte de los glúcidos están en forma de azúcares, por lo que deben tomarse con muchísima moderación. Es decir, no deben consumirse como plato, sino en alguna ocasión acompañando a carne o pescado.

En Dietética llamamos *glúcidos* a los azúcares y almidones; antes se les denominaba hidratos de carbono y con este nombre los verán en muchísimos libros de alimentación, pero hoy, en Bioquímica —que es la ciencia que estudia la vida a nivel molecular—, se les llama glúcidos.

Es decir, *glúcidos* es lo mismo que hidratos de carbono o carbohidratos, y para el ama de casa son los azúcares y almidón que se encuentran en las frutas, en algunas verduras y en todos los alimentos feculentos, el arroz y los fabricados con harina.

Otra cosa hay que advertir, por si alguien se ha distraído, es que el pan tostado, es decir, los llamados «biscottes», peso por peso contienen mucha mayor proporción de harina que el pan fresco. Por ejemplo, el pan de trigo moreno contiene 37% de agua y 100 gramos del mismo nos proporcionan 246 calorías. En cambio, los llamados «biscottes» tienen poquísima humedad y suministran alrededor de 400 calorías por 100 gramos de los mismos.

El porqué el diabético no metaboliza correctamente la glucosa parece ser que obedece a causas distintas, por ello no todos los enfermos responden igual al mismo tratamiento y hay que considerar no la diabetes, sino el diabético.

La insulina es una hormona, que hoy día se conoce perfectamente su constitución, que se forma en las células llamadas beta del páncreas. Debido a la causa que sea: genética, agotamiento de dichas células, agresión a las mismas por determinados fármacos —como ocurre en algunas personas con la cortisona— o incluso por los glóbulos blancos de la sangre, las células beta no producen insulina en la cantidad necesaria o dejan de producirla en absoluto.

El médico es el que dictamina la cantidad de esta hormona que se debe suministrar al paciente y la dieta adecuada, que se debe seguir con todo rigor, pues incluso si se come menos de lo ordenado puede bajar tanto la cantidad de glucosa en la sangre, que entonces al faltar este azúcar, que es necesario además de para realizar la contracción muscular, para el trabajo del cerebro, puede sobrevenir un coma denominado hipoglucémico, que significa por falta de glucosa. Por eso las personas que se inyectan insulina suelen llevar o deben llevar con ellas unos terrones de azúcar, pues si un día, por la causa que sea, por ejemplo, por salir de excursión y andar más de lo ordinario o hacer más ejercicio corporal, queman más azúcar del que consumen corrientemente, podría sobrevenirles un coma hipoglucémico, en el cual el cerebro no trabaja debidamente, por falta de combustible.

Otros pacientes controlan su diabetes con otros fármacos que también es el médico el que debe percibirlos. En la provincia de

Gerona hay muchas personas que utilizan para ese fin infusiones de una hierba llamada en catalán «trabalera», y cuyo nombre científico es *Centaurea aspera*. Esta hierba suele rebajar también la presión sanguínea, hecho que debe tenerse en cuenta.

Cuando la tasa de azúcar en la sangre es superior a la normal, la sangre se engorda. Yo creo que nos es fácil imaginarnos un poco lo que pasa, pensando cómo son los jarabes y bebidas azucaradas. Son pringosas, circulan mal si han de hacerlo por tuberías, incluso hay una palabra para señalar la consistencia de un líquido muy azucarado, que lo definimos como «siruposo». Pues bien, en el diabético su sangre se hace pringosa y circulará muchísimo peor por sus arteriolas y capilares, siendo los ojos unos órganos muy sensibles a esta deficiencia del riego sanguíneo y todo el organismo está amenazado de problemas circulatorios cuando un diabético no cuida de controlar su glucemia, o sea, su tasa de azúcar en la sangre.

Este problema se agrava muchísimo cuando, debido a consumir grasas saturadas, es decir, espesas o sólidas como son las de vaca, cerdo o cordero, la sangre se engorda también por este motivo o si se toman comidas ricas en colesterol como sesos, vísceras, huevos y quesos grasos.

Las grasas sólidas y el colesterol forman una especie de forros en las arterias, constituidos por depósitos compuestos de grasas saturadas, colesterol y coagulitos de sangre que empequeñecen el paso de los vasos sanguíneos y los obstruyen parcialmente. Si a la dificultad que ofrecen estas arterias al paso de la sangre, esta, además, se hace más viscosa y espesa por llevar grasas pastosas o sólidas y un exceso de azúcar, no es difícil comprender a qué son debidos los problemas vasculares que amenazan al diabético y que pueden conducir a la ceguera, gangrena por falta de riego en alguna zona del cuerpo (ocurre con cierta frecuencia en los dedos de los pies) y amenazas de infartos y trombosis.

Entonces, alerta n.º 2. El diabético no solo debe tener cuidado con aquellos alimentos que al ser digeridos le suministrarán glucosa en la sangre, sino también con los que son ricos en grasas saturadas o espesas y en colesterol. Una persona con tasa elevada de glucosa en la sangre debe suprimir la grasa de la leche y tomar este alimento descremado, no debe tomar mantequilla, ni manteca de cerdo en los guisos, ni tocino, embutidos, ni carne de cordero ni otra que lleve sebo.

Puede, en cambio, tomar sardinas y anchoas, pues las grasas de los pescados son aceites ricos en ácidos grasos muy insaturados, y en consecuencia muy líquidos y poco viscosos y son los que les ayudarán a disolver los depósitos de grasas sólidas que tengan en sus arterias.

En esta limpieza de los vasos sanguíneos es necesaria la ayuda del magnesio para descalcificar esos forros grasientos, que después de formados se endurecen con la fijación de las sales cálcicas. Como los alimentos ricos en este elemento algunos son muy azucarados, tales como los dátiles e higos secos, y ahora incluso estos están empobrecidos en este elemento debido al abonado mineral que se está haciendo a los terrenos, que corrientemente no suele incluir magnesio, lo mejor es tomar un suplemento diario de magnesio que aporte a la dieta unos 400 miligramos de este elemento.

Además, en ponencias presentadas en todos los simposios mundiales del magnesio, se mostró una relación entre la formación repetida de coágulos en la sangre de una persona y tasa baja de magnesio en la misma.

Resumiendo lo dicho hasta ahora, podemos indicar que la diabetes es un desequilibrio en el metabolismo, que provoca un aumento de la cantidad de glucosa que lleva la sangre, originado en muchas personas por un descenso o una falta total de insulina, que es una hormona fabricada por las células beta del páncreas y que es necesaria para lograr la penetración del azúcar en el interior celular, que es donde tienen lugar las combustiones en el organismo; al no poder llegar a los «hornos» donde sería quemada, la tasa de glucosa en la sangre aumenta por encima del límite normal y ello es peligroso.

La circulación del diabético está dificultada por el hecho de tener más azúcar en la sangre, y ello se agrava extraordinariamente si el que está afectado por ese trastorno consume grasas sólidas que esclerosarán sus arterias y contribuirán también a engordar la sangre.

La persona que tiene ese desarreglo debe acudir al médico y seguir estrictamente lo que le mande y presentarse a hacerse revisiones periódicamente.

El que consigue controlarse haciendo régimen debe saber:

a) Que los azúcares y las sustancias ricas en almidón, que son las que en el lenguaje corriente llamamos harinas y féculas,

93

al final de su digestión suministran glucosa a la sangre. Los azúcares se digieren muy rápidamente y algunos pasan ya sin necesidad de ser digeridos, directamente a la misma, de modo que el llamado azúcar corriente, que es sacarosa, debe suprimirse totalmente como ciertas frutas.

Las sustancias feculentas suministran la glucosa poco a poco, a medida que se va haciendo su digestión, por lo que pueden tomarse con mucha moderación y teniendo en cuenta que la finalidad de la glucosa es suministrarnos fundamentalmente la energía necesaria para movernos y realizar trabajo físico.

En consecuencia, una persona que anda mucho o realiza un gran esfuerzo en su cuerpo puede tomar más cantidad que el que se mueve poco.

b) Las grasas saturadas, que son aquellas que son sólidas o muy espesas, como la de vaca, cerdo, buey, cordero, manteca de cacao, etc., deben evitarse también, pues tienen tendencia a engordar la sangre que ya lo es bastante en el diabético, y además a dificultar la circulación porque forman unos forros o depósitos en los vasos sanguíneos llamados ateromas, que suelen calcificarse, originando la arteriosclerosis, es decir, el endurecimiento de las arterias.

Por ello el diabético debe consumir aceites muy fluidos y poco viscosos, como el de germen de maíz, girasol, etc., pues estos le ayudarán con el tiempo a disolver los depósitos ateromatosos de sus vasos sanguíneos. Para ello es necesario, además, que tome un suplemento de sales de magnesio, que le proporcionen diariamente unos 400 miligramos de este elemento.

Según estudios recientes, en algunos diabéticos parece ser que no es que les falte insulina en la sangre, sino que tienen un exceso de la hormona antagónica de esta, que es el glucagón. En efecto, la misión de la insulina es mantener la proporción de glucosa en la sangre por debajo del límite superior a 1,1 gramos por litro, induciendo, si este es superado, la entrada de glucosa en las células para que esta se queme en las mismas, o se transforme en otras sustancias, ya que una persona que toma azúcar en exceso engorda, porque forma grasa su cuerpo.

Si, por el contrario, la tasa de azúcar en la sangre llega a 0,7 gramos por litro, tenemos otra hormona llamada glucagón, que origina que el glucógeno, que es como un almidón animal que fabrica el hígado para tenerlo como sustancia de reserva, se descomponga en la glucosa que es el azúcar a partir de la cual se formó y que va pasando a la sangre para mantener la concentración debida.

Modernamente se han hecho análisis de sangre muy completos a diabéticos, y se ha visto que en algunos de ellos la cantidad de insulina presente puede considerarse normal. Se cree que en estos casos, la persona tiene el problema de una secreción anormal de glucagón, superior a la debida, que provoca una liberación de glucosa procedente del glucógeno del hígado y que este trastorno es el origen, en tales personas, de una tasa de azúcar en la sangre superior a la normal.

Comidas que debe tomar el diabético compensado o que debe consumir el prediabético, mientras que no tenga otro problema que se sume a la diabetes. Esta dieta, además, es la indicada cuando hay exceso de colesterol o grasas en la sangre y en los regímenes de adelgazamiento.

PAUTAS PARA LAS PERSONAS DIABÉTICAS

- Ensaladas de todo tipo (lechuga, escarola, col picada, tomate, pepino); zanahoria con moderación, pero es muy conveniente tomar una pequeña o mediana a diario, porque nos suministra caroteno, que es una sustancia con la cual nuestro cuerpo forma vitamina A.
- No debe tomarse remolacha.
- Pueden tomarse verduras, como judías tiernas, acelgas, cardos, borraja, col, coliflor, alcachofas, puerros hervidos. Si la persona no toma pan en la comida y hace bastante ejercicio físico puede tomar una patata con la verdura o dos, según sea su modo de vida, sedentario o más activo.
- El diabético puede tomar cantidades normales de carne magra y pescado, o sea, entre 100 y 150 gramos de la primera y 150 a 200 de pescado.
- Debe tomar no más de tres huevos a la semana y mejor que no sean muy grandes.
- Puede tomar entre 100 y 150 gramos de pan integral diariamente (aproximadamente).

- Debe tomar aceites muy fluidos, como el de germen de maíz, girasol o soja.
- Puede tomar de $1/2$ a $3/2$ de litro de leche descremada y los yogures y quesos que consuma deben ser asimismo descremados.
- Puede tomar jamón quitándole la grasa; no así embutidos, porque tienen una proporción muy grande de la misma.
- Puede tomar muy moderadamente mermeladas llamadas de diabéticos, mejor las edulcoradas con ciclamato.
- No se deben tomar uvas, higos, melón, sandía, ciruelas claudias ni plátanos.
- Moderadamente pueden comerse manzanas, peras, naranjas, melocotones, albaricoques y ciruelas moradas.

Y además de lo expuesto con anterioridad, lo que resulta muy interesante es considerar cómo se deben repartir las tomas de alimento. El diabético nunca debe hacer una comida muy importante, sino que la totalidad de la dieta diaria debe estar lo más repartida posible; por ello, las personas con este desequilibrio deben hacer cinco comidas a lo largo de la jornada.

El desayuno debe ser relativamente abundante y equilibrado; es la hora en que deben tomarse los huevos permitidos, jamón, queso descremado, un poco de pan con aceite, una fruta (o media si es grande) y leche descremada con café o té.

A media mañana se puede tomar otro poco de pan con nueces, yogur, la media fruta que quedó del primero o una manzana pequeña, otro vaso de leche, etc.

La comida puede empezar con una ensalada cruda y continuar con medio plato de legumbres como garbanzos, judías, lentejas o habas. O bien tomar un plato de las legumbres que ya citamos anteriormente. Luego se toma carne o pollo y algo de las frutas permitidas, como una manzana no muy grande ni muy madura, o naranja, dos albaricoques o dos ciruelas moradas o un melocotón mediano.

Debe merendarse de una manera parecida al desayuno o tomar un poco de mermelada endulzada con ciclamato, o galletas de soja preparadas para diabéticos, o tomar comprimidos de gluten con un poco de nueces o queso descremado, o un yogur, etc.

La cena puede ser verduras o un puré claro de verduras, pescado y algo de fruta.

Las personas a las que les va bien, después de comer y cenar pueden tomar una tisana hipoglucemiante, es decir, que ayuda a rebajar la tasa de glucosa que hay en la sangre. Tales son la infusión de trabalera (*Centaurea aspera*) o una decocción de salvia con unas bayas de enebro en infusión.

A algunas personas la primera les resulta muy eficaz, incluso al principio de empezar a tomarla, hay que vigilar la cantidad, pues puede haber un bajón fuerte de glucosa en la sangre y empezar a sentir los síntomas de hipoglucemia (mareo, sudor, noción de perder el mundo de vista). También hay que advertir que suele bajar la presión sanguínea, por lo que deben tenerlo en cuenta los hipotensos.

Como hemos dicho que el diabético puede tomar una cierta cantidad de legumbres, daremos unas sencillas recetas de cómo cocinarlas para que resulten sabrosas sin tener grasas animales.

Garbanzos. Se ponen en remojo con agua y sal por la noche. Unas dos horas y media antes de cocinarlos se aclaran bien y se echan a cocer en agua hirviendo, en la que hay una cebolla, un par de dientes de ajo, una zanahoria y un tomate con un chorretón de aceite. Ha de procurarse que arranquen el hervor en seguida, e inmediatamente que se cuecen bajar el fuego para que vayan haciéndose durante unas dos horas lentamente. Entonces se pasa por un pasapurés la cebolla, el tomate y los ajos y se añade a la cazuela. Se pone un puñadito de arroz o bien espinacas o incluso acelgas y se dejan que se cuezan media hora más hasta que todo esté hecho.

Si gusta, pueden servirse acompañados de pimientos rojos asados y luego fritos en una cazuelita con ajos. Los pimientos es mejor servirlos aparte por si no gustan o no sientan bien a todos los miembros de la familia.

Judías. Después de tenerlas en remojo con agua y sal toda la noche, se aclaran y se ponen a cocer en agua fría con una cebolla, media cabeza de ajos, una zanahoria, un tomate y un chorretón de aceite. Cuando arrancan a hervir, se baja el fuego, pues deben cocerse lentamente sin saltar porque se despellejarían. Al cabo de unas dos horas se cuelan por el pasapurés la cebolla, los ajos, la zanahoria y el tomate y unas pocas judías si se quiere que la salsa quede espesa. Entonces es cuando, si gusta, se añaden unas patatas cortadas en rodajas. Se sirve cuando las patatas ya están hechas.

Aparte, para los jóvenes y las personas que no tengan problemas de metabolismo, o los que hacen mucha vida al aire libre y pasan frío, se cuecen los chorizos y se fríen, o se asan las morcillas. Tanto los unos como los otros se sirven al mismo tiempo que las judías en una fuente aparte, de la que tomarán los que no tienen problemas de régimen.

Lentejas. Como las judías, poniéndose a cocer como aquellas con el agua fría.

Habas. Las habas tiernas o congeladas se ponen en una olla de barro en la que previamente se han sofrito unas cebollas tiernas cortadas a lo largo en cuatro partes y a las que se han añadido ajos tiernos y un par de tomates pequeños. Cuando todo esto está sofrito se añaden las habas y se tapa bien la olla con un plato que contenga agua fría; si las habas son frescas no necesitan que se les añada agua, pues van haciéndose con la que sueltan ellas mismas. Se les suele poner una ramita de menta (hierba buena en algunas partes) y también una mezcla de un poco de anís y coñac.

Las legumbres son unos alimentos muy interesantes, ricos en calcio, fósforo, hierro y magnesio, y entre las verduras las más ricas en proteínas, considerando aparte los frutos secos.

Frijoles. Hay unas judías llamadas de «careta» y en catalán «fesols», a diferencia de las judías que reciben el nombre de «mongetes», que son muy apetitosos cuando se toman del siguiente modo: después de tenerlos en remojo con agua y sal durante toda la noche, se cuecen lentamente después de lavarlos y se les cambia una vez el agua cuando llevan hirviendo como cosa de media hora. En la segunda agua es en la que se añade la sal; cuando están hechos se escurren y sirven.

Les va muy bien para acompañarlos una mayonesa preparada en un mortero en el que se han untado las paredes con un poco de ajo crudo.

A otras personas les gustan mezclados con coliflor o bróquil y aceite y vinagre, o bien refritos ambos con un poco de aceite caliente en el que se han puesto dos o tres ajos.

Soja. Además de las ya reseñadas que son corrientes en nuestro país, hay también una leguminosa interesantísima que llegará a ser la reina de los vegetales por su altísima proporción de prótidos (que se acerca al 40%), por las cualidades de su aceite y por su extraordinaria riqueza en minerales. Esta es la soja, hasta ahora empleada en Europa y en los países occidentales principalmente como alimento proteico en los piensos para el ganado. Pero en la dieta humana tiene un porvenir podríamos decir estelar, pues además de ser interesantísima en el régimen de los diabéticos, lo es en el de los que quieren adelgazar y en las dietas contra el exceso de colesterol y lípidos en sangre. Aún más, supera a todas las leguminosas (que ya son alimentos muy ricos en minerales) en la proporción de calcio, magnesio, hierro y fósforo. Y a todas esas cualidades puede unirse la de que será un alimento barato en cuanto se hagan estudios y se preparen las semillas más adecuadas para su cultivo en las distintas zonas de nuestro país.

Tiene un inconveniente: es muy rica en purinas y por ello no deben abusar de su consumo las personas que tienen alto el ácido úrico en la sangre.

Verduras. Es muy corriente que al diabético se le someta a una dieta aburrida, sosa y sin imaginación. Y no tiene por qué suceder esto.

Es cierto que no le convienen las salsas con grasas de cerdo ni mantequillas, pero voy a dar algunos modos de preparar ciertas verduras que pueden servir de pauta para que el ama de casa pueda variar el régimen de la persona sometida al mismo. Además, si la comida es variada y apetitosa, debe tenerse en cuenta que la dieta prescrita a los diabéticos es ideal para todas las personas que hacen más bien una vida sedentaria, aunque por el resto de la familia no deba seguirse tan estrictamente.

Puré de tomate. En todas las casas conviene tener un recipiente de vidrio o aporcelanado con puré de tomate en la nevera. Para ello se cuecen uno o dos kilos de tomates maduros con algo de sal y un poco de azúcar para quitarles la acidez, se pasan por el pasapurés y cuando está la salsa fría, se mete en la nevera, de donde se irá sacando únicamente la cantidad necesaria cada vez.

Pimientos asados. Se asan varios pimientos rojos al horno o se tuestan de manera que puedan pelarse. Se hacen tiras con los mismos y en una cazoleta aporcelanada o de vidrio resistente al fuego se ponen con algo de sal en un poco de aceite en el que se han sofrito unos ajos.

Estos pimientos siempre pueden alegrar cualquier comida un poco sosa y junto con el puré de tomate constituyen una salsa exquisita para convertir en un plato distinto sobras de pollo asado, carne o cualquier tipo de comida con la que se adapten bien.

Berenjenas asadas. La berenjena asada y hecha en tiras puede reservarse en la nevera y utilizarla para dar más bulto a una salsa de tomate o acompañar a la carne.

Lo mismo puede hacerse con calabacín.

Cebollas asadas. Envueltas en papel de aluminio, las cebollas pueden hacerse al horno muy poco a poco para que queden bien tiernas y constituyen un modo de ensalada para tomar con tomate y lechuga; por ejemplo, que no repite tanto ni carga el aliento como si se tomaran crudas.

El que tiene chimenea de leña puede hacerlas enteras, sin pelarlas, entre los rescoldos y ceniza; el sabor que toma en ese caso es exquisito. Es necesario también que se hagan muy lentamente y conviene en ambos casos tomar cebollas no muy grandes para que se asen por completo. La cebolla es un alimento diurético y antirreumático; el gran inconveniente del mal olor que comunican al aliento queda subsanado tomándolas asadas, aparte de que, al menos para mí, resultan riquísimas sobre todo si pueden hacerse entre la ceniza. No debe tomarse gran cantidad, sino con moderación.

Coles de Bruselas con besamel. Las coles de Bruselas tienen un sabor bastante fuerte según como se hayan cocinado. Gustan mucho cuando después de hervidas y escurridas se ponen en una fuente resistente al fuego untada con aceite, sobre las que se vierte una besamel preparada de la siguiente manera:

Salsa besamel. En un poco de aceite y a fuego lento muy suave se doran poco a poco unas cucharadas de harina; cuando se advierte que la harina va tomando color y sin llegar a ponerse marrón o quemarse, se añade de golpe la leche líquida descremada que necesitará la salsa y se remueve continuamente; cuando arranca el hervor, que es además cuando espesa de golpe, se baja el fuego y se deja cocer unos minutos, añadiendo la sal necesaria.

Esta bechamel preparada con aceite y leche descremada la pueden tomar con moderación los diabéticos, los que siguen una dieta de adelgazamiento y los que tienen exceso de colesterol.

En la mitad de la fuente en la que se han puesto las coles de Bruselas pueden ponerse patatas cocidas en rodajas y así habrá miembros de la familia que, si lo prefieren, pueden tomar más patatas que verdura, o a la inversa, los que no deben tomar hidratos de carbono.

Encima de la salsa que cubre las coles y patatas, se puede poner un poco de queso rallado si gusta.

Queda un plato de muy buena presencia y muy apetitoso, pues la bechamel suaviza el fuerte sabor de esta verdura que no agrada a todas las personas.

Coliflor al horno. En este caso es válido todo lo dicho para las coles de Bruselas con besamel.

CARNES

Es muy corriente la creencia de que el diabético solo puede tomar carne «a la plancha», con lo que a estas personas se les aburre con unos menús tan iguales, que en cierto modo son unas víctimas de la dieta.

Hay que suprimir las grasas sólidas como las del tocino, mantequilla, etc., pero se pueden hacer mil guisos distintos utilizando aceites, arreglando las carnes con judías tiernas, setas, puré de tomate, pimientos, berenjenas, alcachofas, cebollitas, etc.

Cuando se preparan con carne picada platos en los que corrientemente se utiliza ternera y tocino o carne de cerdo grasa, hay que usar unos trozos magros de ternera o solomillo de cerdo (que tiene muy poca grasa y toda ella en la parte de fuera, resultando fácil sacarla) o pechugas de pollo sin la piel o una mezcla de ternera, solomillo de cerdo y pollo. Tales picadillos se suavizan con un poco de sofrito de cebolla y se les da sabor con ajo en polvo o ajo muy picadito y perejil y se unen con huevo entero y un poco de miga de pan.

Con esta carne así dispuesta pueden prepararse hamburguesas, albóndigas, pelotas para el puchero, pimientos rellenos, tomates y berenjenas rellenos, etc.

Las carnes pueden hacerse guisadas con un sofrito de cebolla y acompañarlas con setas, o con un puré de tomate y pimientos asados cortados en tiras, con berenjenas o con cebollas pequeñas, un poco de ajo, perejil y un chorrito de vino blanco o coñac si gusta más.

Lo dicho para las carnes sirve también para el pollo, que limpio de la piel puede cocinarse de todos los modos descritos para las carnes en general. También una vez pelado puede hacerse en el horno añadiendo unas rodajas de cebolla encima con un poco de laurel en polvo y vino blanco o con ajo picado y perejil y un poco de coñac. O al horno y con un poco de aceite y hierbas sazonadoras en polvo que se añadirán al final.

Del cerdo casi solo se puede comer el solomillo bien limpio de grasa o ciertos trozos de jamón, y del cordero algunas partes de la pierna, procurando asarla en el horno sobre una parrilla que permita que la grasa que lleva el trozo gotee sobre una fuente que la va recogiendo. Esta grasa se desechará y, en cambio, cuando la pierna esté algo hecha, se le hacen unos cortes en los que se introduce una pomada preparada con aceite y ajo machacado en el mortero y hierbas aromáticas si gustan.

Hay que tener en cuenta que la grasa de cordero es durísima en relación con otras, es decir, muy sólida, por lo que debe evitarse cuidadosamente.

Los callos son músculo y colágeno y, por tanto, pueden comerse; los pies de cerdo llevan grasa y, por tanto, después de cocerlos mucho, han de enfirarse y quitar cuidadosamente la grasa. Lo que queda fundamentalmente es colágeno. Ahora bien, en la preparación de los callos y pies de cerdo no deben entrar ni chorizos ni tocino sino tomate, pimentón, pimientos chorizeros o los alimentos que sabemos pueden tomarse.

Todo esto que voy diciendo, grosso modo lo podríamos condensar así: se pueden tomar guisos que cuando se enfrían conservan la salsa líquida y evitar aquellos que cuando no están calientes, su grasa se espesa y queda casi sólida.

Fíjense qué sencillo es cocinar con esta manera tan simple, la de evitar las salsas que al sacarlas del fuego se espesan.

PESCADOS

Estos no ofrecen problemas, pues la mayoría de los aceites de pescado son muy insaturados, incluidos los de las sardinas y anchoas, por lo que con aceite vegetal podemos guisar y freír estos alimentos y comerlos tranquilamente, sin necesidad de que tengan que ser a la brasa. Naturalmente, siempre que a la diabetes no se le una otro desequilibrio que obligue a evitar los guisos o fritos.

En cambio, los crustáceos son ricos en colesterol, por lo que deben consumirse muy moderadamente. Doy una idea de recetas muy sencillas de platos de pescados.

Merluza. La cola puede hacerse hervida y tomarla caliente, abriéndola y rociándola con ajos fritos. O bien fría y con un poco de mayonesa, que se puede preparar para variarla de vez en cuando con un poco de ajo frotado en las paredes del mortero (poco para no oler después). O bien, con un poquito de cebolla rallada y perejil picado. Otros la prefieren mezclada con mostaza o con pepinillos en vinagre en rodajitas y hay a quien le gusta con alcaparras.

Fíjense: tenemos un plato caliente y cuatro variantes en frío con la merluza hervida.

La cola también gusta mucho al horno, bien sea con aceite, zumo de límón y perejil, o con rodajitas de cebolla y de tomate, arreglándola o con un poco de ajo y perejil picado y un chorrito de vinagre.

También puede ponérsele hierbas sazonadoras en polvo cuando ya está casi hecha.

La parte de enmedio muy corrientemente se hace en rodajas fritas o en salsa, como muy habitualmente se cocina también la parte más próxima a la cabeza.

La merluza en salsa puede hacerse a la «vasca», poniendo aceite crudo y ajo picado en una cazuela de barro, rociándola con un poco de agua, que hay quien la echa sal, picándola con las manos para que no vaya mucha. Se le ponen unas puntas de espárragos y, si se quiere, unas almejas y se le añade perejil picado. En quince o veinte minutos está hecho y es un plato exquisito.

La merluza, como el resto de los pescados, también resulta muy bien con un sofrito de cebolla, un poco de ajo, perejil y puré de tomate.

El atún liga muy bien con la salsa de tomate y es un pescado muy rico en hierro.

Sardinas. Además de asadas tal cual, o con un poco de ajo en polvo, perejil picado y un chorrito de aceite, mezcla que se añade cuando ya están hechas las sardinas, pueden tomarse fritas o prepararlas en escabeche, para lo cual se escogen bien gordas, se fríen sin que se sequen demasiado y se van poniendo en una vasija de «Pyrex» o «Duralex». Cuando están todas hechas, se echa en el aceite una cabeza de ajos y luego se apaga el fuego y se añade pimentón, vinagre y dos hojas de laurel y orégano u otra hierba aromática. Con esta salsa se rocían las sardinas y se pone a enfriar el recipiente, guardándose luego en la nevera o sitio fresco.

A quien le guste, puede añadir al escabeche dos cucharadas de puré de tomate cuando se han frito los ajos y se va a echar el pimentón y el laurel.

Las sardinas así preparadas constituyen un desayuno estupendo o una merienda que, junto con una rodaja de pan integral y un vaso de leche descremada, permiten llegar sin un hambre excesiva a la comida o cena, que nunca deben ser muy copiosas. Además de ser un plato relativamente económico, se prepara el día en que se encuentran sardinas muy frescas y gordas en el mercado y pueden durar en buenas condiciones cinco o seis días guardadas en la nevera.

Es muy interesante que el diabético tenga recursos permitidos a los que pueda echar mano si se siente con hambre, pues proporcionándole alimentos que puede tomar (siempre con moderación), evitaremos que opten los que no le convienen.

Otra sugerencia para tomar como segundo desayuno, puede ser un yogur descremado con mermelada dietética edulcorada con ciclamato y la rodaja de pan integral o el socorrido vaso de leche descremada con unas galletas de soja de las preparadas para diabéticos.

En cambio, no es muy recomendable hacerse pasar el hambre con fruta. Una manzana o una zanahoria pueden tomarse, pero no más de una pieza cada vez.

Quesos. En el mercado español se encuentran hoy en día quesos con poca grasa. Hay uno en tarrinas, que es casi totalmente descremado; otro también en tarrinas, con un 20% de grasa, y luego en porciones se encuentran tres marcas diferentes que tienen un 25 y un 30% de materia grasa.

Entre los corrientes, quizá el menos graso es el Gruyère, que tiene alrededor de un 40%. Los otros quesos deben evitarse.

8

Osteoporosis

Llama la atención la cantidad de mujeres que explican que tienen este problema y lo curioso es que en muchísimos casos se lo ha diagnosticado el ginecólogo.

Cuando una señora en una visita a su médico se acerca a la edad de la menopausia o ha llegado a ella, es corriente que le recomienden hacerse una densitometría (que es radiación) y si tiene el calcio en el hueso por debajo del considerado normal a su edad, le recomienden tomar calcio y una medicación «para fijarlo en el hueso», que hoy sabemos produce necrosis en el mismo.

¿Por qué se empeñan en decir que la falta de estrógenos puede ser la causa de la rotura de los huesos? ¿Las niñas tienen estrógenos? No. ¿Las niñas se rompen los huesos con facilidad? No. Entonces, ¿qué caminos hay que seguir para averiguar por qué las personas a partir de cierta edad tienen el esqueleto frágil? Como siempre que se quiere averiguar la verdad, hay que ir a la química del asunto.

El hueso es colágeno y en las brechas que hay entre los monómeros o cordoncitos que forman el mismo, se coloca el calcio en forma de fosfato. Como curiosidad les diré que es un «apatito» cuya fórmula recuerda a la de la turquesa, solo que en esta el metal es cobre y de ahí su color.

Es decir, la materia primordial, que además es el soporte del calcio, es una proteína que años atrás se le llamaba «osteína» y que en la actualidad sabemos es colágeno. Pero para que el colágeno no se deforme con el peso del cuerpo o un golpe, este se osifica, es decir, fija fosfato cálcico para conservar su forma en cualquier circunstancia, y debe recordarse que el calcio necesita para su asimilación vitamina D. ¿Y dónde se encuentra esta vitamina? En las grasas de origen animal: crema de la leche, manteca de cerdo y sebos principalmente, pero también en las de pescado que, al ser líquidas, llamamos aceites.

¿Comemos ahora grasas animales? Hay muchas personas que no. Incluso desde muy jóvenes, para no engordar o para no tener altos el colesterol o los triglicéridos, a muchísima gente, sobre todo mujeres, les falta vitamina D. A estas personas, si en verano toman el sol, este astro se la regala formándola en la piel a partir del 7-dehidro-colesterol; pero, si no tomamos el sol y tampoco grasa animal, tendremos una deficiencia e incluso una carencia de esa vitamina. Averiguando cómo es la dieta podremos saber si esa persona toma o no vitamina D con su alimentación. Pero, a la vez, también nos enteramos de si le puede faltar calcio; si la leche, los yogures, los quesos, las legumbres, las almendras entran a formar parte de su dieta, esa persona toma suficiente calcio y la ingesta del mismo solo debe reforzarse en la madre gestante o lactante.

El calcio solo forma dos sales solubles, que son los cloruros y los nitratos; todas las que forma con el resto de ácidos que podemos imaginar son insolubles. ¿Y qué ácidos tenemos en la sangre? Oleico, palmítico, esteárico, cítrico, málico, úrico, oxálico, etc. Sabiendo esto, entendemos perfectamente que *no* se puede tomar calcio a la ligera, pues nos va a endurecer las arterias y calcificar los riñones y las válvulas del corazón, como estamos viendo en tantos casos en la actualidad. Nunca se debe recomendar calcio a una persona sin haberle realizado una analítica; por otra parte, no hemos de creer que hay «calcio orgánico», porque eso no existe: el calcio, si es calcio, es calcio y este siempre da sales duras con los ácidos que tenemos en nuestro cuerpo.

Y ahora viene otra gran pregunta. ¿Esta persona tiene colágeno suficiente en los huesos? Porque tengan en cuenta que el hueso es un tejido *vivo* y esto significa que a lo largo de toda nuestra vida tiene una resorción y neoformación, que en lenguaje más cercano significa que se destruye y construye de nuevo mientras vivimos.

Lo que les voy a decir ahora cuesta creerlo, pero lo pueden encontrar en dos bioquímicas ya en el año 1980, que son: Lehninger y el Jungerman-Moller. En el cuerpo humano se destruyen diariamente 400 g de proteína, que equivalen a 500 gr de aminoácidos y aproximadamente a 1 kg de tejido, porque en el cuerpo humano el 60-70% es agua. De esos 400 g de proteína se

113

reutilizan las $^3/_4$ partes de los aminiácidos que se liberan, pero una cuarta parte, es decir, unos 100 g se pierden en forma de urea en la orina. Esto significa que diariamente nuestra alimentación ha de proveernos de proteínas si queremos tener en buen estado nuestros tejidos e incluso si nos interesa el buen funcionamiento de nuestro cerebro, ya que las conexiones entre las neuronas se hacen con unas moléculas (neurotransmisores y péptidos cerebrales) que se forman a partir de los aminoácidos de las proteínas.

¿Y qué pasa en relación con este tema? Muchas cosas negativas: una, no se explica que en nuestro cuerpo no tenemos reservas de proteínas ni de aminoácidos. Podemos almacenar unos 160 g de glucosa en forma de glucógeno en el hígado y en los músculos y también kilos de grasa en los adipocitos, pero no tenemos un tejido capaz de almacenar aminoácidos. Entonces, cuando necesitamos estas moléculas y no hemos tomado proteínas en el desayuno o cena, ¿de dónde las sacamos? Del esqueleto. ¿Por qué? Porque el esqueleto es «el tejido de sostén y de reserva del cuerpo humano». ¿Por qué? Porque su deterioro no compromete la vida. Entonces, al saber esto, entendemos las causas de la osteoporosis, la artrosis, la tendinitis, deterioro de las encías de los vasos sanguíneos, del tubo digestivo, etc., de las personas que hacen un desayuno a base de café con leche y pastas o fruta y luego una cena ligera «porque me han dicho que tengo que adelgazar».

Repasen el capítulo de la artrosis y verán cuál es la alimentación indicada y los complementos adecuados para formar colágeno, teniendo en cuenta que además, si no se toman grasas animales, deben añadirse perlas de aceite de hígado de bacalao o tomar el sol.

Y al final, la definición de osteoporosis, porque, con lo que ya saben, la entenderán muy bien: «Es una rarefacción del hueso con pérdida de masa orgánica y mineral». ¿Qué signfica «rarefacción»? Que el hueso ha perdido masa, conservando su forma y tamaño. Es decir, en apariencia es igual, pero al perder materia orgánica pierde también mineral y su densidad es menor; pero de lo único que se han preocupado hasta ahora en los tratamientos que yo he visto es de la disminución del calcio, cuando esa precisamente es la consecuencia de la falta de colágeno donde fijarse o de la falta de vitamina D, en cuyo caso el calcio también disminuirá en el hueso. Pero en este segundo caso, no se rompería con facilidad, sino que se deformaría.

Lean atentamente y hagan la dieta para la artrosis, tomen el magnesio o mejor el colágeno con magnesio que allí se recomienda, y si no comen grasas animales, tomen aceite de hígado de bacalao, y tengan en cuenta que no basta con leer y entender lo que dicen mis libros, hay que hacerlo con contancia y toda la vida.

Nunca olviden que para resolver un problema, lo primero de todo es plantearlo bien, y eso es lo que no se hace en relación con los del esqueleto, en los cuales la clave es la formación del colágeno, y en ello ni se piensa. Y si un problema está mal planteado, su tratamiento no solo no ayudará a resolverlo, sino que pueden producirse daños colagerales, como se vio con la calcitonina y luego con los bifosfonatos, que han sido no solo carísimos, sino además perjudiciales, pues al necrosar los huesos, los ha vuelto frágiles, y conozco ya desgraciadamente muchos casos de señoras a las que se les rompen a veces espontáneamente, como consecuencia de haber tomado estos tratamientos, que además les impiden que tengan éxito los implantes dentales.

Insisto: estudien bien la dieta de la artrosis, que es la indicada para formar colágeno, y háganla con constancia, sin olvidar nunca que aquí además de las proteínas, el fósforo, el magnesio y la vitamina C, también es necesaria la vitamina D.

9
Estreñimiento

Para corregir el estreñimiento, lo primero que hay que saber es el origen del mismo. Pues este problema es un efecto que se debe a unas causas, y esas son las que debemos estudiar y cuidar.

Luego, a su vez, el estreñimiento se convierte en causa de otros efectos nocivos, como son la formación de toxinas y gases en el intestino, dificultar la función hepática, retención de agua, celulitis, dolores de cabeza, malestar general, hemorroides y fisuras en el ano.

Sabemos, o debemos saber, que tanto las féculas, como las grasas y los prótidos son unos alimentos que, al menos en teoría, son totalmente digeribles. Lo que sucede es que en la práctica hay una pequeña parte de los mismos que no tienen tiempo de ser transformados por las enzimas digestivas en sus componentes. Entonces, si hacemos una comida —y ello es muy corriente— en la que se come arroz, pan blanco, grasas, carne o pescado y de postre un helado, flan o queso, sucede que todos

los alimentos citados somos capaces de desdoblarlos en glucosa, el pan y los feculentos; en glicerol y ácidos grasos las grasas
y aceites, y en aminoácidos los prótidos. Estos nutrientes son
absorbidos por la pared intestinal y, según lo mejor o peor que
se haya hecho la digestión, quedará entre un 8 a un 10% de residuos. Estos pasan al intestino grueso y allí formarán un pequeño depósito; en esta parte del aparato digestivo continúa la
absorción de agua y los restos formarán una masa compacta de
poco volumen que no llena las paredes del intestino.

   ¿Cómo avanzan los residuos de la comida hasta conseguir
su expulsión? Como ya hemos comentado, gracias a una serie
como de apretones-empujones que hace el peristaltismo intestinal; pero es evidente que si los restos están en poca cantidad, la
presión que va haciendo el intestino no encuentra masa sobre
la cual actuar, y entonces se van formando rincones cada vez
más secos y duros porque la absorción de agua continúa, con lo
que el problema se agrava, ya que para hacer avanzar estas pequeñas masas duras, la presión ejercida por las paredes del colon ha de ser mucho mayor.

   Entonces, sobre esos restos alimenticios proliferan bacterias
—que siempre tenemos, sobre todo colibacilos— y se van produciendo putrefacciones y fermentaciones que originan sustancias
más o menos tóxicas para el organismo, a la vez que se des-
prenden gases que van inflamando y haciendo doloroso el vientre. Además, si recordamos la constitución del intestino grueso,
pensemos que está formado por tres partes: el ciego, que es
como un final de saco; el colon, que se divide en tres tramos, el

ascendente, transverso y descendente, y por fin el recto, que es el lugar en el que por la presión de las heces en sus paredes, nos indica la necesidad de evacuar.

Pues bien, el colon ascendente hace como un ángulo debajo del hígado al unirse con el colon transverso, y en ese rincón los gases ligeros —como el metano— que se han producido, en las fermentaciones bacterianas de los residuos, forman una bolsa gaseosa o globo que presiona el hígado, dificultando su trabajo.

Por otra parte, las sustancias más o menos perjudiciales resultantes de las putrefacciones que se están produciendo atraviesan junto con el agua la pared intestinal, ensuciando la sangre y sobrecargando de trabajo el hígado, que sale perjudicado también por esta segunda circunstancia.

Estas toxinas, además, si no son totalmente neutralizadas en esa víscera, al continuar ellas o sus metabolitos en la sangre, resultan irritantes para las células. Entonces, los tejidos con la finalidad de diluirlas, retienen agua; por este motivo, es muy frecuente que personas estreñidas, al corregir este problema, adelgacen, ya que su cuerpo retendrá menos agua, con lo que también poco a poco se irá corrigiendo su celulitis que tiene como origen la retención de líquido por el organismo.

Imaginemos ahora una persona que come pan integral, acelgas, col, alcachofas, pepino, berenjena, calabacines, verduras en general o legumbres, además de la carne y pescado, y toma fruta como postre. Junto con el almidón, el pan moreno lleva celulosa, lo mismo que las frutas y verduras que toma en la comida. Esta sustancia es un polisacárido —como el almidón— que fabrican los vegetales para engrosar las paredes celulares y que la planta se mantenga erguida y se aguante. Pues bien, aunque está formado como el almidón por la unión de miles y miles de moléculas de glucosa, nuestro cuerpo no tiene una enzima digestiva capaz de romper los enlaces entre estas, por lo que la celulosa permanece indigerida a lo largo de su tránsito por el intestino delgado, desembocando con los residuos de los otros alimentos en el grueso, haciendo que el volumen de las heces sea mucho mayor. Además la celulosa forma como unas hebras que absorben agua, por lo que los residuos son más abundantes, provocando una distensión del intestino que origina un mayor peristaltismo, que además encuentra unas heces más húmedas y en consecuencia más blandas que no ofrecen dificultades a su avance hacia el recto.

Es fácil comprender que la evacuación de esas heces más voluminosas y pastosas resulta mucho más fácil y rápida, evitándose la proliferación de bacterias y los problemas derivados de las fermentaciones que originan éstas. En la actualidad es muy fácil resolver este problema, pues encontrarán unas barritas de fibra con magnesio que les a a resolver el problema. Ya los he citado y explicado su composición y efecto al final de las dietas de adelgazar, y allí le remito, pues entenderán fácilmente cómo actúan sus componentes.

La presión normal que ejercen las paredes del colon sobre las heces para conseguir su avance es de 10 mm de mercurio —13,6 gramos por centímetro cuadrado—, pero a veces es necesario alcanzar presiones de 90 mm de mercurio para poder lograr la evacuación. Por ello, en los países en los que se consumen harinas blancas y alimentos con poca fibra bruta aumentan las enfermedades de colon, como el cáncer y la diverticulitis, y se producen muchas infecciones intestinales.

Por ello ha de procurarse la corrección del estreñimiento a base de tomar suficiente celulosa y también alimentos de reconocida acción laxante, como los kiwis, las ciruelas secas y frescas, y evitando los astringentes, como el cacao, té y manzanas crudas. Estas frutas cocidas o asadas, al contrario que consumidas frescas, actúan como un laxante suave.

Otra de las causas de la atonía intestinal es el sedentarismo. Cada vez hay más personas que trabajan sentadas, sin moverse apenas, y ello también es origen de estreñimiento por falta de peristaltismo.

Nunca hay que olvidar que en la salud, además de causas genéticas, influyen los hábitos de vida. La alimentación tiene un papel preponderante, pero no olvidemos que el hombre en sus orígenes fue cazador y que durante miles de años se ha ganado su sustento realizando trabajo físico, es decir, moviéndose. A las mujeres, igualmente, las faenas caseras les obligaban a realizar muchísimo ejercicio (recuerden cómo lavaban y fregaban los suelos nuestras abuelas). Sin embargo, hoy en día son millones las personas que ganan el sustento sentadas; incluso el trabajo doméstico resulta mucho más reposado. Este cambio de una vida activa a otra mucho más sedentaria es origen también de un intestino perezoso.

Por eso hay quien recomienda el dar suaves masajes en el vientre en el sentido de avance de las heces, pero lo que debemos hacer todos es andar, y a buen paso, no como bueyes cansinos, sino con ligereza. Si bien es deseable caminar dos horas diarias, nadie debería pasar sin hacerlo una como mínimo. En las personas de edad, puede ser mejor hacerlo repartido entre mañana y tarde; por un lado, para que no se cansen y, por otro, es más beneficioso moverse $1/2$ hora en cada etapa del día que no hacer un gran esfuerzo y luego permanecer sentada toda la tarde.

El caminar beneficia la higiene mental y física. Hay personas que con veinte minutos de paseo llegarían a su trabajo; sin embargo, cogen el coche, con lo que pierden los beneficios que para su salud les proporcionaría esta actividad y lo que aliviaría económicamente el ahorrar gasolina.

Las heces, además de los alimentos indigeribles y alrededor de un 10% de los digeribles, contienen células del tubo digestivo, bacterias vivas y muertas, restos de moco y jugos digestivos y pigmentos biliares que son los que dan su característico color marrón. Por ello, cuando el conducto que vacía la vesícula biliar está obstruido o el hígado no funciona bien, los excrementos son grisáceos y en cambio la orina tiene una coloración rojiza, teniéndose a veces la piel de un tono amarillento.

Si hay hemorragias internas, las heces son negruzcas, como también si se toman alimentos muy ricos en hierro.

En ocasiones, el estreñimiento puede obedecer a la formación de un tumor que detectará y tratará el médico.

10
Excursionistas y deportistas

Empecemos suponiendo un grupo de personas que quieren hacer una marcha por la montaña o caminar por el campo. Van a necesitar mayor cantidad de la normal del combustible que utilizan sus músculos, y hemos dicho en muchas ocasiones que este es un azúcar fundamentalmente.

La glucosa necesaria para la contracción muscular la encontramos en la miel y las frutas, singularmente en las uvas y en las pasas; también nuestro organismo la obtiene como resultado de la digestión del almidón y, en consecuencia, de todos los alimentos llamados feculentos o farináceos.

Ahora bien, para la buena marcha de las funciones de nuestro cuerpo, es preciso que a este la digestión del desayuno le vaya proveyendo de todos los nutrientes que necesitará: grasas para combatir el frío, prótidos para formar enzimas, hormonas, anticuerpos, neurotransmisores para reparar tejidos; vitaminas y minerales para que la química celular llamada metabolismo vaya correctamente, ya que muchos de entre estos alimentos son biocatalizadores de las reacciones químicas que continuamente van produciéndose.

Por todo ello, es conveniente empezar el día con un desayuno completo, pero no pesado. Una tortilla de un huevo, un poco de jamón, algo de pan integral con mantequilla (no en exceso) y mermelada, una fruta o zumo de naranja y cacao con leche.

A media mañana deberemos reponer la glucosa que hemos ido quemando, lo cual resulta muy sencillo si hemos llevado pasas, orejones, higos secos y algunas nueces, avellanas y almendras que nos suministrarán aceite, proteínas y minerales, singularmente fósforo, calcio y magnesio, muy necesarios no solo para el trabajo intelectual, sino también en la contracción muscular. Si se ha sudado mucho, además del agua, conviene pensar en tomar algún alimento con sal que nos reponga la que hemos perdido. Para ello va bien bebidas preparadas para deportistas que contienen los minerales que se han perdido con el sudor. Si no se ha sudado en exceso, entonces la bebida puede tomarse con café, con o sin cafeína, que en la actualidad se encuentra preparado ya, que solo hay que añadirlo al agua o leche. Por cierto, que esta se puede llevar en tubo, lo que facilita extraordinariamente su utilización.

Después, para la comida, si la excursión es de un día, generalmente ya se lleva de casa pollo o carne empanada para tomar con tomates, lechuga, etc. Si la marcha es de más días, hay que pensar en el jamón, queso, *foie-gras*, carne vegetal, sardinas y atún en lata como alimentos proteicos, además de huevos duros que pueden llevarse ya cocidos.

El alto de la merienda será parecido al de media mañana y la cena se hará en casa, y si la marcha es de unos días, parecida a la comida.

Pensemos que las semillas, como almendras, avellanas, cacahuetes y nueces nos suministran aceite, cerca de un 20% de prótidos, algo de azúcar, fósforo, calcio, magnesio y hierro fundamentalmente.

Los frutos secos, como los higos, dátiles y pasas, son muy ricos en glucosa y minerales; los orejones de albaricoques; melocotones y manzanas no tienen tanta glucosa, pero sí otros azúcares y muchos minerales y vitaminas como los anteriores.

El cacao es estimulante y rico en hierro, magnesio y fósforo.

También ahora se encuentra miel en envases de una porción y tenemos en ella otro alimento muy energético y rico en oligoelementos (minerales que necesitamos en cantidades pequeñísimas).

Dejemos ahora los excursionistas y pensemos en el deportista que, muy próximo al desayuno, va a realizar algún tipo de deporte, como puede ser el tenis, que algunas personas van a practicar antes de ir al despacho o a sus estudios.

Deberá tomar azúcares; por ejemplo, untando con miel o mermelada un par de tostadas, y la leche es mejor que la tome en forma de yogur, pues en este la caseína ha floculado en copos pequeñísimos que resultan muy fáciles de atacar por las enzimas digestivas y, por tanto, es más digerible.

Después de la partida, y pasado un tiempo hará un desayuno completo, en el que no deben faltar las proteínas que, como tantas veces he repetido, son necesarias en el trabajo intelectual. Aquí digo lo de siempre: un desayuno normal para un adulto debe incluir un huevo pequeño o mediano, pan integral, jamón, fruta y leche descremada con café o té. Para un adolescente debe llevar dos huevos si le apetecen y está creciendo mucho, además de lo anterior en mayor cantidad y algo de mermelada si continuara realizando trabajo físico.

Los que tienen problemas de colesterol, según sea el exceso de este, deben limitarse a tomar dos o tres huevos medianos o cuatro pequeños a la semana, y si la tasa de este lípido aún no está controlada, debe tomarse queso descremado con pan integral con un poco de aceite; una fruta, mejor naranja, y leche descremada con un poco de café o té si apetece y no tiene prohibidos estos estimulantes.

Cuando la práctica del deporte no está próxima a una comida, debemos tener en cuenta lo dicho en la dieta de los excursionistas para reponer la pérdida de agua y sales minerales.

Después de realizar el ejercicio pueden tomarse zumos de frutas acompañando a patatas fritas o aceitunas (por la sal que llevan), o tomar con el agua proteínas hidrolizadas con sal que se encuentran ya así, en las casas de régimen.

No me refiero a deportes de competición, pues las personas que realizan estos tienen entrenadores asesorados por médicos especialistas que recomiendan una alimentación adecuada al esfuerzo que se realizará y en el momento debido. Creo que tampoco hace falta insistir mucho en ello, pues todo el mundo sabe que no se debe nadar cuando se está haciendo la digestión, ni tampoco realizar grandes esfuerzos físicos ni de cualquier tipo durante la misma.

Los excursionistas y deportistas castigan mucho su esqueleto y debe recordarse que tanto los huesos, cartílagos, tendones y ligamentos son colágeno (en los huesos hay, además, depósitos de fosfato cálcico), pero lo que podemos llamar «parte viva» del hueso es esa proteína. Para estas personas, el ideal es que añadan a su dieta esta proteína que pueden encontrar en barritas y que lleva magnesio, ya que este elemento es indispensable para que nuestro cuerpo forme nuestro colágeno con los aminoácidos del que hemos tomado. Mejor que tomar dos a la vez, el ideal es añadir uno a la primera comida del día, el desayuno, y otro a la cena.

11

Intolerancia a la lactosa

No hace muchos años que se ha descubierto el porqué a ciertas personas les sienta mal la leche, incluso la descremada, provocándoles sensaciones de náusea, diarrea e incluso vómitos o un malestar difuso. Tienen una intolerancia al azúcar de la leche o lactosa, que es un sacárido formado por la unión de una molécula de glucosa con una de galactosa y que se forma en las mamas de las hembras de los mamíferos y, por tanto, también en las mujeres.

En la digestión de la lactosa se rompe la unión entre los dos azúcares más sencillos que la constituyen por la acción de una enzima llamada lactasa. Antes, a las enzimas digestivas y otros se les llamaba fermentos; hoy día reciben el nombre de enzimas todas aquellas sustancias que actúan como catalizadores en las reacciones químicas de los seres vivos y que su acción se manifiesta haciendo aumentar mucho la velocidad de una reacción específica. Todos ellos son proteínas y son los instrumentos primarios para expresar la acción de los genes.

Pues bien, en ciertas personas no se produce esta enzima digestiva y hoy día se ha calculado que son alrededor de un 7% en las de raza blanca y que este porcentaje aumenta a un 50% en las de color, llegando en alguna de ellas a un 70% en los adultos.

Este trastorno genético generalmente no aparece hasta la segunda infancia y por ello es raro en los lactantes. En otras personas aparece en la pubertad o en la juventud.

Por ello cuando una madre advierte que su hijo o hija rechaza sistemáticamente la leche, aunque se la ofrezca descremada, debe pensar en esa intolerancia al azúcar de la leche y obrar en consecuencia.

En el yogur ocurre que por la acción de ciertas bacterias la lactosa se acidifica, es decir, sufre unas transformaciones químicas que la convierten en ácido láctico. Por ello, hay personas a las que no les sienta bien la leche, pero toleran el yogur por la razón que he explicado. Además, y precisamente por esta transformación ácida que ocurre en el mismo, la caseína es una proteína de la leche, coagula en pequeños copos, con lo que la digestión de la misma resulta mucho más fácil, pues en grumos pequeñísimos esta proteína es más rápidamente atacada por los enzimas digestivos.

Dejando aparte las personas que no toleran la leche por falta de lactasa, que es la enzima que permite la digestión de la lactosa, puede ocurrir, y sucede, que los que toman la leche a grandes sorbos como si se tratara de una bebida cualquiera, no la digieran bien porque cada trago al caer en el estómago forma un gran cuajarón, ya que el jugo gástrico es fuertemente ácido y las proteínas que están en emulsión en la leche coagulan igual que en el yogur, pero en vez de poco a poco, de golpe, por lo que se forma un gran grumo difícil de atacar por los enzimas digestivos. Tengan esto en cuenta las madres que cuando los hijos tienen sed les ofrecen leche como bebida-alimento. Es bueno que se la den; pero no demasiado fría y con la advertencia de que la beban poco a poco para que su digestión resulte fácil. Pueden y deben explicarles el porqué a sus hijos, pues es mucho más agradable obedecer una indicación cuando se conoce la razón de la misma.

En los quesos también se producen una multitud de cambios químicos en los constituyentes de la leche, y entre ellos en la lactosa, y es por ello que la mayoría de las personas con alergia a la leche toleran bien el queso. A veces algunas me han manifestado que prefieren y digieren mejor los quesos muy fermentados, lo que se entiende bien, pues son aquellos que han sufrido más acciones bacterianas y. por tanto. sus componentes están más modificados.

Ahora bien, es muy corriente recibir la petición de «¿No hay algún producto parecido a la leche y que pueda sustituir a esta?». Sí, en las farmacias encontrarán un sucedáneo de leche con el que podrán preparar un desayuno o merienda caliente o frío con café, cacao o malta. Además, este alimento es rico en calcio y fósforo.

La leche de almendras con agua fría o caliente se usa mucho también por los afectados de la intolerancia a la glucosa, bien entendido que este alimento también es rico en minerales, sobre todo en fósforo y calcio, y en la actualidad hay muchísimas personas que toman bebida de soja, que quizá es la más recomendable por su contenido en calcio (120 mg) y en proteínas (3 g), que es prácticamente el mismo que el de la leche de vaca. Pero hay una gran diferencia, la «leche de soja» no tiene las vitaminas A y D que lleva la de vaca completa, es decir, cuando no está desnatada.

Otra de las preguntas que se suele hacer por las personas con este problema en casa es el de cuáles alimentos son ricos en calcio y fósforo, además de la leche y los quesos, y les pongo algunos: almendras, alubias, garbanzos, lentejas, caviar, frutos secos, soja, pan integral, etc.

12

La alimentación en la embarazada y la madre lactante

La madre gestante conviene que recuerde las normas que se dan para tener una alimentación sana y saber los suplementos, sobre todo en proteínas y minerales, que debe añadir a la misma el 2.º y 3.ᵉʳ trimestre y luego en la lactancia; asimismo hay ciertas reglas, como el no levantarse en ayunas la embarazada que tiene vómitos, y no tomar mucho líquido en las comidas que le llenarán el estómago, ya empequeñecido por el empuje que sufre del feto, y le harán sentirse llena sin haber tomado los alimentos precisos para mantenerse en forma y fabricar los tejidos del hijo y la placenta. Sin embargo, es preciso que tome como mínimo un litro y medio de líquido al día (zumos de frutas, leche entera o descremada, infusiones) que ingerirá fuera de las comidas principales.

Durante el primer trimestre debe tomar un litro de leche completa o descremada, o bien $^1/_2$ litro y de 30 a 40 g de queso.

De 100 a 150 g de carne magra o pescado y conviene tomar una ración de hígado cuando menos una vez por semana. El hígado es fuente de hierro y vitaminas del complejo B.

Se aconseja tomar un huevo al día por los americanos, tres a la semana por los franceses. Yo recomendaría uno diario no muy grande por las mañanas.

Deben tomarse de 300 a 400 g de verduras en forma de ensaladas o hervidas.

Asimismo de 600 a 800 g de frutas.

No debe abusarse de las grasas y utilizar principalmente aceites ricos en ácidos grasos necesarios para la buena salud de la madre y del hijo.

El pan es mejor tomarlo integral y las féculas se regulan de acuerdo con las calorías totales de la dieta que se quiere seguir, teniendo en cuenta que 1 g de glúcidos proporciona 4 calorías. Para una alimentación que proporciona 2 300 cal, que es la normal en una embarazada con mediana actividad, además de un panecillo integral puede tomar galletas y azúcar con los alimentos. Si interesa una dieta con menos calorías, entonces sirven las recomendaciones dadas anteriormente, pero suprimiendo los dulces y galletas, aunque no el pan.

Como ven, son reglas sencillas y fáciles de seguir.

En el 2.º y 3.er trimestre la norma es aumentar el consumo de leche a $^{1}/_{2}$ o $^{3}/_{4}$ de litro y 50 a 60 g de queso al día o el equivalente a estas cantidades.

Para ello debe tenerse en cuenta que:

$^{1}/_{4}$ litro de leche
= 2 yogures
= 200 g queso tierno
= 30 g de Gruyere

Las necesidades de vitamina B pueden cubrirse con la toma diaria de una cucharadita colmada de levadura de cerveza. Si esta se añade al zumo de una o dos naranjas, tendremos prácticamente solucionadas las necesidades suplementarias de vitaminas B y C de la futura madre, aunque debe tomar alimentos ricos en vitamina C a ser posible en las tres comidas principales.

En nuestro país, y debido a que el hígado no entra con la misma frecuencia que en Estados Unidos, por ejemplo, en la alimentación, y también al consumo de ternera y carnes blancas con preferencia a las rojas, puede haber una deficiencia de hierro. Este alimento mineral es esencial tanto para el niño como para la madre por lo que explicaré a continuación: en la persona adulta, el contenido de hemoglobina en la sangre es de unos 14 g/100 cm³. La hemoglobina es el pigmento que llevan los hematíes o glóbulos rojos y les da el color y que está encargado del transporte del oxígeno tomado en los pulmones, a todas las partes del cuerpo. Cada molécula de hemoglobina contiene 4 átomos de hierro y es evidente que si este elemento falta, no podrá fabricarse hemoglobina en el organismo en las cantidades necesarias. Ya hemos dicho que en el adulto hay unos 14 g/100 cm³. Sin embargo, la proporción de pigmento en el recién nacido es de 20 a 22 g/100 cm³. ¿Por qué esta concentración mayor en el niño?

135

Durante la vida en el seno materno, el oxígeno lo toma el feto a través de la sangre que le llega procedente de la placenta y para poder aprovechar mejor el oxígeno de esta, la sangre del mismo tiene una mayor concentración de hemoglobina. Poco después del nacimiento, esta empieza a desdoblarse hasta alcanzar el nivel normal de unos 14 g/100 cm^3, pero el hierro procedente de la ruptura de la molécula de hemoglobina el niño lo almacena en el hígado y lo tiene como reserva en los primeros meses de su vida, en que la dieta es esencialmente láctea y la leche es pobre en hierro.

En consecuencia, si la alimentación de la madre es pobre en hierro, se reflejará en el contenido bajo en hemoglobina de su sangre, y como consecuencia en la del niño, y el acopio de este mineral que debe hacer su organismo será menor.

Dado el hecho de que a muchas personas no les gusta el hígado, pueden tomar 1 cucharadita de «Hierro en miel» en $1/2$ vaso de zumo de cítricos y 2 ó 3 comprimidos de levadura de cerveza por su contenido en vitaminas del complejo B, ya que para la correcta asimilación del hierro hacen falta ácido ascórbido, ácido fólico, biotina y cohalamina o vitamina B$_{12}$. De este modo se aprovecha muy bien y se puede compensar la mayor o menor deficiencia de hierro que tiene la embarazada. Asimismo, es un complemento de la alimentación en todos los casos en que esta no cubre suficientemente las exigencias de ese mineral y siempre que haya pérdidas de sangre, ya sea por menstruaciones abundantes, hemorragias y en el adolescente que crece rápidamente y necesita fabricar igualmente sangre para llenar sus vasos sanguíneos que se hayan alargado.

Otro alimento que puede faltar en las embarazadas es el complejo B; se han estudiado los efectos que la carencia de riboflavina provoca en las ratas y se ha visto que son anormalidades óseas importantes, como la sindactilia (fusión de dos o más dedos) y paladar hendido. El hígado es también fuente importantísima de vitaminas del complejo B y, por ello, cuando este no forma parte habitualmente en la alimentación, debe suplirse por la toma de levadura de cerveza, alimento muy rico en estas vitaminas.

Dieta en la lactancia

Después del nacimiento, el niño continúa alimentándose a expensas de la madre, tomando al principio unos 600 cm^3 de leche al día hasta llegar a alcanzar casi un litro cuando el niño pesa 7 kg. Como 1 gramo de leche suministra 0,7 cal, una madre que amamanta necesita consumir 700 cal adicionales aproximadamente tan solo para el gasto que le ocasiona la producción de leche, con lo que las calorías totales serán de 3000 aproximadamente. Para ello y para poder formar la cantidad del líquido exigida por la lactación debe aumentar fundamentalmente su consumo en leche, zumos de frutas (los hay que no llevan azúcar añadido si no interesa engordar), preferible de manzana y naranja o piña, y asimismo procurará que aumente la proporción de proteínas, minerales (Fe, Ca) y magnesio (el gran olvidado de la agricultura y hasta hace muy poco el gran desconocido de la medicina), cuya deficiencia provoca los calambres, tan corrientes en las embarazadas, y los espasmos y las contracturas que durante mucho tiempo se consideraban «normales» en las embarazadas y que hoy sabemos se deben a que en la madre gestante y lactante sus necesidades de este elemento se han acrecentado extraordinariamente.

Precisamente a la falta de magnesio en la madre se atribuye el hecho de que en el mundo occidental haya un uno por mil de «muertes súbitas» en el bebé.

No es la postura en la que se les pone en la cama, es la falta de magnesio la causante de su muerte.

13
Reumatismo gotoso
(ácido úrico)

El ácido úrico es poco soluble en el agua y por ello en los líquidos corporales, por lo que en cuanto su proporción en la sangre pasa de unos 5 mg por 100 centímetros cúbicos, forma unos cristalitos que se depositan en los músculos y en las articulaciones, produciendo los dolores característicos del reúma gotoso.

En todas las células, y por tanto en los alimentos, sean animales o vegetales, hay unos ácidos nucleicos llamados abreviadamente ADN y ARN que son moléculas muy complicadas conteniendo bases pirimídicas y púricas llamadas también pirimidinas y purinas. Estas últimas en su metabolismo conducen a la formación de ácido úrico; es por tanto muy interesante conocer qué alimentos contienen pocas purinas para tenerlo en cuenta en la dieta.

Si las purinas están en forma de bases metiladas no forman ácido úrico y por eso se permite la ingestión del café, té y cacao.

A continuación damos una lista con cuatro grupos de alimentos: el 1.º es el permitido a las personas que padecen de este trastorno. El 2.º ya no es tan aconsejable y el 4.º está totalmente prohibido a quienes padecen reumatismo gotoso.

1. **Alimentos que contienen una cantidad insignificante de purina, y por tanto permitidos en esta dieta**

- Agua mineral.
- Cacao.
- Té.
- Café.
- Zumos de frutas.
- Frutas.
- Leche.
- Gelatina.
- Pan.
- Galletas.
- Pastas (sopas, macarrones, etc.).
- Quesos.
- Grasas, aceite.
- Huevos,
- Nueces y frutos secos.
- Azúcar y golosinas.
- Alcachofas.
- Lechuga.

- Patatas.
- Calabaza.
- Col.
- Nabos.
- Apio.
- Tomates.
- Pepinillos.
- Sopas de verduras.

2. Alimentos con contenido mediano de purina

- Jamón.
- Carnero.
- Pollo.
- Pescado azul.
- Pescado blanco.
- Cangrejo.
- Anguila.
- Ostras.
- Langosta.
- Salmón.
- Callos.
- Pan de centeno.
- Pan integral.
- Copos de cereales.
- Setas.

- Guisantes.
- Judías.
- Espinacas.
- Coliflores.
- Espárragos.
- Caldo de estas verduras.

3. **Alimentos con contenido alto de purina**

- Tocino.
- Carne de buey.
- Carne de cerdo.
- Sopa de gallina.
- Carne de cordero.
- Carne de ternera.
- Conejo.
- Venado.
- Carpa.
- Mero.
- Bacalao.
- Pesca de río.
- Lucio.
- Crustáceos.
- Pato.
- Ganso.
- Sopas de pescados.
- Perdiz.

- Faisán.
- Paloma.
- Codorniz.
- Pavo.
- Lentejas.
- Fresas

4. Alimentos con contenido muy alto de purina

- Anchoas.
- Sardinas en aceite.
- Hígado.
- Riñones.
- Sesos.
- Extracto de carne.
- Mollejas (las que lo tienen más alto).

Como es muy interesante cuando se tiene ácido úrico en la sangre orinar mucho para depurar el organismo, además de una dieta sin entrañas o despojos, sin caza y con cantidades moderadas de carnes y pescados, conviene tomar tisanas que limpien la sangre, y a tal efecto va muy bien una infusión de espliego, grama y zumo de medio limón. O también de ortiga y hojas de abedul.

También las flores de saúco, menta y estigmas de maíz. Estas infusiones es mejor tomarlas media hora antes del desayuno o comida.

Cuando los dolores son intensos, van muy bien las cataplasmas de col calientes. Para ello se calienta la col, pasándole una plancha después de haberle quitado las nervaduras más sobresalientes.

Si son en el pie, va bien tomar baños calientes de un cocimiento de las hierbas más arriba reseñadas para las infusiones, pero no deben tomarse pediluvios calientes si se tienen varices o úlceras en las piernas. También está muy indicado el comer ajo, pues este alimento con propiedades de medicamento tiene cualidades antirreumáticas y además es vasodilatador, con lo que estas se ven reforzadas.

La verdad es que para no complicarse la vida, hay que resumir:

Pautas para combatir el ácido úrico
1. Evitar las vísceras, siendo las peores las mollejas.
2. No consumir ni beber alcohol.
3. Revisar la medicación que estamos tomando, pues en la actualidad a muchas personas les ha aumentado la tasa de ácido úrico por la medicación que toman, sobre todo los hipotensos.
4. Evitar las purinas.

Y para el final dejo algo que a algunos les va a sorprender, la harina de soja y preparados de soja tienen tantas purinas como las vísceras. ¿Verdad que esto no se lo esperaban?

14

Dieta sin gluten
(Alergia al trigo)

Hacia el año 1950, una doctora holandesa observó que las diarreas de algunos niños internados en su hospital cesaban cuando se les suprimía la harina de trigo. Haciendo estudios sobre el tema, llegó a la conclusión de que hay personas que tienen un defecto genético, y para ellas el gluten, que es la proteína que contiene el trigo, resulta tóxico, ocasionándoles lesiones en la mucosa intestinal e impidiendo, por consiguiente, la digestión y absorción de los alimentos. El problema se manifiesta en forma de diarreas.

Prosiguiendo en sus experiencias, se vio que por contener gluten, son nocivos también la avena, cebada y centeno, por lo que estos cereales deben excluirse también en la alimentación de las personas afectadas por este desequilibrio.

Cuando el problema era grave, los niños morían generalmente antes de los tres años, pues a partir de los cuatro o cinco meses, que es cuando corrientemente se incluyen las harinas en la dieta, empezaban con las diarreas que les ocasionaban una desnutrición casi total y los problemas subsiguientes. Desde que se descubrió cuál es el origen de las lesiones que se producen en la mucosa intestinal, suprimiendo los cereales que afectan a la misma, se ha logrado que estos niños vivan en perfecta salud a condición de que no tomen (ni en cantidades mínimas) ningún alimento que contenga gluten.

Esta enfermedad, por su parecido con unas diarreas corrientes en ciertos países tropicales, se denomina también «esprúe no tropical».

Es muy interesante para las personas afectadas por esta alergia que las madres, y luego los niños mismos, sepan exactamente lo que pueden y lo que no deben comer, y es lo que resumo a continuación:

— Deben suprimirse las harinas y derivados de las mismas, del trigo, avena, cebada y centeno.
— Pueden tomarse harinas de maíz, arroz, soja y fécula de patata.
— Pueden tomarse toda clase de legumbres y sus purés (judías, lentejas, garbanzos, habas, guisantes...).
— Puede tomarse tapioca. Aquí hay que prestar atención, pues en algunos preparados con este alimento, en España se les mezcla con harina de trigo.
— Pueden tomarse pastas hechas con almidón que únicamente se encuentran en el comercio especializado en dietética o en farmacia.

Este tipo de dieta puede seguirse con una comida como la que se da en la siguiente tabla:

PAUTAS PARA UNA DIETA SIN GLUTEN

Desayuno. Fruta o zumo de fruta, arroz o maíz tostado («Corn Flakes» que se encuentra en el comercio) con o sin miel o mermelada, jamón, una tortilla y leche con café o cacao, pero exento de harina, o chocolate también exento de harina.

Comida. Cualquier clase de verdura, legumbres (como judías, lentejas, garbanzos, habas, guisantes), patatas, arroz, carnes, pescados, frutas, etc.

ATENCIÓN: Si se hacen croquetas o salsa besamel, debe utilizarse harina de arroz o fécula de maíz, y las croquetas no se envolverán en pan rallado, sino que se albardan primero en las harinas permitidas y luego en huevo. De igual manera puede hacerse el pescado. Quedan exquisitas y gustan a todos los de la casa.

Merienda. Similar al desayuno. Pueden tomarse también palomitas de maíz, manzanas, asadas o en compota o bizcochos hechos en casa según se explicará a continuación.

Cena. Como en la comida.

Preparación del bizcocho

Para 4 huevos, cuatro cucharadas de azúcar (mejor en polvo), cuatro de maizena o harina de arroz, 50 g de mantequilla o dos cucharadas de aceite, una cucharadita de levadura «Royal» y ralladura de un limón.

a) Se pone a calentar el horno a temperatura media.

b) Se separan las yemas de las claras que deben quedar bien limpias de yema para que monten bien.

c) Se baten las yemas con el azúcar y se le agrega la ralladura de limón y la mantequilla derretida o aceite de germen de maíz o de oliva, si gusta más.

En un papel se mezcla bien la maizena con la levadura (una cucharadita colmada).

En un recipiente se montan las claras a punto de nieve con una batidora, batidor o tenedor.

d) Se une la maizena a las yemas y, cuando están bien mezcladas, se añaden las claras a punto de nieve, pero no se bate el conjunto, sino que se mezcla subiendo hacia arriba con una cuchara o espátula las yemas para entremezclarlas con las claras. No usar batidora en este caso, pues no hay que batir, sino solo mezclar las yemas con las claras.

e) Poner la mezcla en un molde untado con mantequilla o aceite e introducirlo en el horno. Al cabo de 12 ó 15 minutos, tapar el bizcocho si ya está dorado, con un papel de estraza húmedo o un papel de aluminio.

Al cabo de 25 minutos en total se mira si ya está el bizcocho cocido, pinchándolo con una aguja de tricotar o un tenedor, que debe salir seca. Déjese enfriar lentamente en el horno apagado.

NOTA: Si se quiere hacer un bizcocho mayor, se ponen 6 huevos, 6 cucharadas de azúcar, 6 de harina de arroz, 2 de levadura y 100 g de mantequilla o aceite, más la ralladura del limón correspondiente. Entonces, si se reserva únicamente para la persona que sigue la dieta sin gluten, se guarda en la nevera conservado dentro de una bolsa de plástico o envuelto en papel de aluminio. Si va a durar varios días, en el congelador.

— Cuando se merienda fuera de casa, es mejor llevarse los cereales permitidos o el bizcocho hecho especialmente, o bien zumos de frutas, patatas fritas, pero no bollería.
— Puede tomarse flan hecho con huevo y leche y también crema hecha de maizena. También trufa hecha con nata y cacao *puro* (no chocolate).

Naturalmente, esta dieta es para las personas que únicamente tienen alergia al gluten.

Cuando se hace mayonesa en casa, si se reservan las claras, con estas pueden prepararse unos almendrados montándolas a punto de nieve, mezclándolas con almendra cruda molida y un poco de azúcar en polvo y, si gusta, ralladura de limón o naranja, y poniéndolas en montoncitos pequeños en una fuente untada de aceite a horno suave. Quedan muy bien con media almendra cruda que se les pone encima antes de meterlas al horno.

Otra variante de galletas para hacer con claras de huevo es montar las claras y ponerles un poco de azúcar en polvo y coco rallado y, como en la receta anterior, introducirlas en el horno moderadamente caliente.

Todas las recetas en las que se recomienda usar harina pueden hacerse con maizena o harina de arroz y muchas veces el plato gana en finura y paladar.

Es más, las croquetas y la carne albardada pueden rebozarse, como dije anteriormente, con maizena, huevo y «corn flakes», o sea, maíz inflado y tostado, pasado por un pasapurés, con lo que queda como pan rallado y sirve para el rebozado, resultando exquisito.

En la actualidad ya pueden encontrarse en el comercio y grandes superficies pan y galletas sin gluten, así como una amplia gama de productos, cada vez mayor, sin gluten, pero no está de más que se hagan en casa bizcochos y dulces que saldrán en general más económicos.

15

Dieta sin hidratos de carbono

Esta dieta, usada mucho para adelgazar, tiene la exigencia de que al menos durante algún tiempo las personas que la siguen no pueden tomar hidratos de carbono (glúcidos) y es muy corriente que me pregunten si en España se encuentra algo parecido al pan, sin harina, y también qué bebida pueden tomar cuando les apetece algo caliente, aparte del caldo que a veces no tienen tiempo o manera de preparar.

En las tiendas de productos de régimen encontrarán algunos bollitos, flautas o comprimidos de gluten, y estos los pueden comer en vez de pan con el jamón, huevos o los alimentos que tienen permitidos. No deben confundirlos con el pan al gluten o «pan de diabéticos», pues este lleva harina y por tanto glúcidos.

El gluten es la proteína que tienen algunos cereales (trigo, avena, cebada y centeno) y, cuando se separa del almidón, con él se fabrican los mencionados bollitos, flautas o comprimidos.

Son muy ligeros, con una consistencia distinta del pan y de agradable sabor. Hasta ahora se preparaban para los diabéticos, pero en la actualidad se utilizan también en dietas de adelgazamiento en sustitución del pan.

Para preparar una bebida rápida que no sean las típicas café o té, en algunos comercios se encuentran unos tarros de gelatina, la cual con agua caliente, y al que le guste con un poco de sal y cebolla en polvo o hierbas sazonadoras, les resulta una bebidaalimento reconfortable, apetecible y fácil de preparar, pues basta tener agua caliente y las cosas mencionadas. La gelatina debe conservarse en la nevera una vez abierta.

También hay unos botecitos con proteínas de leche hidrolizadas y sal (sin hidratos de carbono) que pueden tomarse con el agua caliente o fría.

Esta dieta, que resulta eficaz para adelgazar en muchísimos casos, hay que advertir que es bastante peligrosa, pues puede ocasionar lesiones al hígado y al riñón, que en la mayoría de los casos son reversibles, pero que nadie sabe seguro si, en su caso particular, esas vísceras no le quedarán dañadas. Desde luego que a mí me han venido personas para pedirme auxilio porque «sienten» su hígado desde que han hecho la dieta.

Los que se encuentran en este caso pueden tomar después de comer y cenar una infusión preparada con una mezcla de manzanilla, menta y boldo o bien esta otra: anís, hinojo, menta, romero y ajedrea.

El fundamento de este método de adelgazamiento está basado en lo que sigue: en el trabajo intelectual, y sobre todo en el trabajo físico, consumimos glucosa que normalmente es un nutrimento que nos lo suministra la digestión de los hidratos de carbono. Si no tomamos alimentos capaces de proporcionarnos glucosa al ser digeridos, nuestro cuerpo se las «arreglará» para obtenerla a partir de los otros alimentos, pero haciendo un gasto de energía para conseguir la formación de la glucosa a partir de las grasas y prótidos.

Hoy día sabemos que esto es posible, pues en la ruta metabólica de las grasas y proteínas hay un momento en que estos alimentos llegan a transformarse en ácido acético activado (Acetil CoA) y este producto del metabolismo intermediario puede proveernos de energía. Evidentemente, en esta ruta, que es más larga y compleja para obtener el nutrimento esencial en la contracción muscular, se hace un gasto de energía, que digamos se desaprovecha y esa es la finalidad buscada. Comer en cantidad para sentirnos satisfechos, pero desaprovechar parte del alimento que ingerimos.

Ahora bien, en esas transformaciones químicas de más que se requieren para poder vivir con esa dieta tan desequilibrada (téngase en cuenta que en la alimentación normal los glúcidos o hidratos de carbono constituyen un 60% de las calorías totales), uno de los órganos más sobrecargados de trabajo es el hígado, y por ello es el que queda lesionado en mayor o menor medida con este método deadelgazamiento. Y como se forma mucha urea en el metabolismo de las proteínas que se consumen en exceso, también al riñón se le sobrecarga de trabajo. Además cuando ya no se da abasto a la formación de urea por el hígado, se forma también ácido úrico y este puede originar reumatismo gotoso en los músculos o en las articulaciones.

En todo el mundo se está avisando en revistas especializadas e incluso ya en las corrientes, dedicadas al hogar y destinadas a las mujeres fundamentalmente, de los peligros que pueden sobrevenir con este régimen.

Además basta pensar que en cierta manera es el que siguen los esquimales que viven de la carne y grasa de los animales que cazan. Pero recuerden cuál es el clima y las condiciones de vida de estas personas. Y si el régimen alimenticio para mantenerse con salud debe adecuarse a las circunstancias personales y a sus requerimientos de los distintos tipos de nutrientes, teniendo en cuenta las condiciones de clima nuestras, tan diferentes a los de ellos, no hace falta dar más explicaciones de por qué puede traer consecuencias negativas este método de adelgazamiento.

Además, nuestra razón nos dice que un régimen desequilibrado ha de conducir a desórdenes en nuestro órganismo; solo que, como he dicho en alguna ocasión, a veces parece que el sentido común es el menos común de los sentidos y aún más. Un labriego, una persona con pocos estudios, generalmente en su vida se conduce apelando a la razón; en cambio, vengo observando que los doctos, los que han hecho grandes estudios y tienen diplomas que acreditan su saber y su ciencia, a veces son las personas que, apoyándose en ese trampolín, se desnudan del sentido común y se lanzan, digamos, a la piscina de la sinrazón llena de novedades, pruebas y productos de laboratorio.

Entre todos los regímenes comentados en el cuadernillo transcrito en el original —en francés—, traducimos por su interés la crítica al método Atkins o dieta sin hidratos de carbono, entre algunas que se han puesto de moda en las últimas décadas, en especial la dieta Dukam.

DIETA ATKINS

Régimen hiperlipídico preconizado por el médico americano Robert C. Atkins.

EN QUÉ CONSISTE. Pueden comerse todas las sustancias grasas que se deseen (charcutería, mayonesa, salsas, aceites, cremas, mantequillas, etc.) a condición de no tomar ningún hidrato de carbono (azúcar, féculas, frutas, pastas...).

INCONVENIENTES. Aumenta peligrosamente la tasa de cuerpos cetónicos en la sangre: produce náuseas, vómitos, problemas respiratorios, pérdida de sodio y de potasio.

Aumenta la tasa de ácido úrico en la sangre. Favorece la aparición de una hiperlipidemia que aumenta el riesgo de enfermedad coronaria y de arteriosclerosis.

DIETA DUKAM

Parecida a la anterior, basada fundamentalmente en el consumo de proteínas y verduras. Pero si no se toman aceites, al faltar los ácidos grasos ω_3 y ω_6, se pueden formar trombos en la sangre que se suman a los peligros de tomar exceso de proteínas ya reseñados.

16

Trabajo intelectual

El cerebro es el centro del trabajo intelectual; los estímulos nerviosos, parece ser que en él se transforman en una «información molecular», es decir, química, y en esta forma se almacenan. Estas moléculas pueden luego volver a convertirse en estímulo eléctrico y de este modo suministrar la información que químicamente se había almacenado.

El tejido nervioso está formado por unas células, llamadas neuronas, de un tipo especial que no pueden reproducirse, y que se comunican entre sí a través de unas prolongaciones llamadas dendritas —las que suministran estímulos— y axones o cilindroejes —las que llevan órdenes generadas por los cuerpos celulares a las distintas partes del organismo—. En el cerebro parece que se unen los cuerpos celulares a través de otras células, llamadas de neuroglia, que además poseen funciones de sostén en el tejido nervioso.

En la comunicación de unas neuronas con otras se sabe que tiene gran importancia la diferencia de concentraciones de distintas sales que hay entre el interior de las células nerviosas y el medio externo. También sabemos que en las terminaciones nerviosas se liberan sustancias transmisoras que tienen la propiedad de influir en otras células y desencadenar su actividad.

En el estado de reposo el interior del axón tiene un potencial eléctrico negativo de unos 60 a 80 milivoltios frente al líquido que lo rodea. Este potencial de membrana se debe a que el interior celular tiene una concentración de iones sodio muy pequeña frente a una muy elevada de estos iones en el medio que lo rodea. Para mantener este desequilibrio se necesita que los iones sodio que penetran en las células sean transportados constantemente fuera, lo que se consigue con una especie de «bomba electrogénica» que necesita un aporte constante de energía suministrada por la ATPasa-magnesio-dependiente, que como he dicho en muchas otras ocasiones son moléculas de alta energía que nuestro cuerpo utiliza cuando necesita un suministro energético para realizar un trabajo químico como, por ejemplo, en las síntesis de todas las sustancias que en él se fabrican y también en el llamado «transporte activo» a través de membranas, y por tanto en la transmisión de la corriente nerviosa.

En el estímulo del nervio se produce una modificación en la diferencia de potencial nervio-medio exterior y hay un intercambio de iones entre la célula y el líquido que las baña. Lo importante ahora es saber cuál es la causa de la variación de la permeabilidad de la membrana con relación a los iones sodio, potasio y calcio. Se atribuye a la acción de los antedichos neurotransmisores, de entre los que se conocen bien algunos como la acetilcolina, adrenalina y noradrenalina, dopamina, ácido glutámico y serotonina.

Pues bien, los precursores o sustancias a partir de las que se forman la noradrenalina y la serotonina son dos aminoácidos, concretamente, la tirosina y el triptófano. Sabemos que los aminoácidos son componentes de las proteínas que tomamos con la comida, de lo que se deduce la importancia de estos alimentos en la dieta del estudiante, y del que realiza un trabajo de tipo intelectual. También está comprobado hoy en día que el cerebro posee un activo metabolismo de aminoácidos, siendo la concentración de estos en el mismo de 6 a 10 veces superior a la del plasma sanguíneo. Hay un aminoácido —el ácido glutamínico— que es en sí un neurotransmisor de efecto rápido en el cerebro.

La química de nuestro centro nervioso depende también en gran parte del aporte de oxígeno que recibe, pues él solo consume algo más del 20% del oxígeno total que utiliza nuestro cuerpo, aunque participa solo con un 2 % en el peso del mismo.

Asimismo, necesita glucosa para el suministro energético, y también se sabe que este órgano no utiliza grasas en la obtención de energía.

Sentadas estas premisas, vamos a buscar las conclusiones, es decir, cuál es la alimentación adecuada a las personas que realizan un trabajo intelectual.

Lo primero que hay que tener en cuenta es el cuándo. ¿En qué parte de la jornada se realiza lo más fuerte del trabajo? Generalmente por las mañanas. Las personas que trabajan en bancos, muchas oficinas, los estudiantes, etc., deben realizar un esfuerzo mental de cuatro, cinco y hasta seis horas seguidas.

Pues bien, si hemos dicho que nuestro cerebro necesita glucosa, proteínas, compuestos ricos en fósforo —las moléculas de alta energía llevan tres de ácido fosfórico encadenadas y de ahí su nombre, ATP, significa adenosín trifosfato—, resulta claro que el desayuno debe incluir estos alimentos, más minerales y vitaminas que permitirán que el metabolismo del sistema nervioso transcurra de una manera rápida y eficaz.

Entonces, repito aquí que un desayuno equilibrado debe estar constituido, por ejemplo, por un huevo, una loncha de jamón, una fruta, dos rodajas de pan integral y leche descremada —para los adultos— con café o cacao.

O si la persona tiene trastornos en su metabolismo de los lípidos —que se manifiesta por exceso de colesterol o triglicéridos en la sangre—, entonces debe tomar queso bajo en grasa, jamón (solo la parte magra), lomo, pavo..., el pan con aceite, una fruta (que no debe ser uva) y leche descremada con café o té si no tiene prohibidos estos estimulantes.

Cuando transcurren más de tres o cuatro horas entre el desayuno y la comida, debe hacerse una pausa en el trabajo a media mañana y tomar algo que puede ser queso en porciones con poca. grasa, jamón, nueces, y algo de pan y un yogur o leche descremados o una fruta o un zumo de frutas.

En la comida de los adultos debe haber unos 125 g de carne o 150-200 g de pescado, se entiende limpio.

Debe merendarse al estilo del desayuno y la cena será parecida a la comida en cuanto alimentos proteicos, siendo preferible el pescado (incluso enlatado).

Debe tenerse cuidado con las mermeladas y mantequilla en los desayunos y meriendas y preferir lo que indico y evitarse en las comidas los primeros platos feculentos y grasos, y prefiriendo las verduras o las legumbres preparadas como indico en la dieta de los diabéticos.

Asimismo, también debe moderarse el consumo de frutas y tomar solo una pieza en cada comida —incluida la de los desayunos—, procurando evitar las uvas y las muy dulces, como el melón, ciruelas, sandías, higos o chirimoyas, porque con la glucosa que no quemamos en la actividad física nuestro cuerpo fabrica grasas saturadas y colesterol, y eso a veces no se avisa. En cierto modo, una persona con la tasa de lípidos alta, debe cuidarse como un diabético.

También hay que recordar que para eliminar el exceso de colesterol, el hígado lo transforma en ácidos biliares y para que tenga lugar esta reacción química, interviene la vitamina C; por ello es muy interesante que se prefieran los cítricos, kiwis, peras y piña, entre las frutas, y en las ensaladas se incluya el tomate.

17

Dieta vegetariana

Es muy corriente que se me pregunte, ¿es buena la dieta vegetariana? Y yo les contesto que sí, siempre que esté programada de tal manera que provea todas las necesidades de nutrientes de nuestro cuerpo, singularmente de proteínas, que es el punto flaco de algunas de las dietas de este tipo seguidas por personas a las que se les ha convencido de que están «cargadas de ácido úrico», al manifestar que sienten dolores en las articulaciones y espalda, y a veces es cierto; pero en ocasiones los dolores se deben a una artrosis más o menos generalizada, es decir, a un desgaste de los cartílagos más rápido del normal.

Recordemos que el hombre necesita para mantener su salud y su plena actividad intelectual y física los siguientes alimentos: glúcidos —antes llamados hidratos de carbono—, grasas, prótidos, vitaminas, minerales, celulosa y agua.

La dieta vegetariana provee abundantemente de glúcidos, pues desde el punto de vista de la cesta de la compra estos son los azúcares (muy abundantes en las frutas y la miel) y las féculas y harinas.

También suministra grasas de todo tipo la ovolacto-vegeteriana, pues la leche y los huevos proveen de grasas de origen animal que son ricas en vitaminas A y D y los aceites de oliva y semillas proveen de vitamina E.

Si la dieta es exclusivamente vegetariana y en ella no entran los huevos ni los productos lácteos, entonces la vitamina A debe obtenerse del caroteno abundante de la zanahoria —que es una provitamina A— y la vitamina D de una discreta exposición del cuerpo al sol.

Este tipo de alimentación es rico en vitamina C, pero puede fallar el suministro de vitaminas del complejo B en algunos casos, como en el de personas que por tener problemas digestivos no tomen cereales completos bien en forma de copos o en el pan o arroz integral. Entonces, debe subsanarse esto con la inclusión de una cucharada diaria de levadura, de cerveza.

El complejo B abunda en el hígado, vísceras, carnes rojas y pescados, leche y huevos. En los alimentos de origen vegetal, en las levaduras y en el germen de trigo y la cascarilla de los cereales completos.

Respecto a los minerales, la dieta vegetariana puede resultar algo pobre en hierro, pues este elemento se encuentra principalmente en el hígado, algas, carnes rojas, sangre, atún, mejillones, yema de huevo, y entre los alimentos que se toman en este tipo de alimentación, se halla en las melazas, cacao, zumo de manzana —un litro suministra 25 mg—, espinacas, calabaza, arándanos, moras, levaduras, cascarilla de los cereales, leguminosas como la soja, judías, lentejas, habas, garbanzos, etc. Por lo anteriormente explicado, la inclusión en la dieta diaria de legumbres, algas, levaduras y zumo de manzana debe tenerse muy en cuenta por las personas que hacen un régimen vegetariano. Los que no digieren bien las legumbres porque su aparato digestivo no tolera sus pieles, que las tomen en forma de puré, pero que no pase un día en el que no entren en su comida. Además es que, aparte del suministro de hierro, las semillas de leguminosa contienen proteínas, que son precisamente otro de los alimentos conflictivos en los regímenes vegetarianos.

En la alimentación a base de vegetales no falta la celulosa, ya que suelen tomarse cantidades notables y a veces cantidades muy grandes de verduras y frutas, así como cereales completos; por ello con este tipo de régimen se corrigen muchos estreñimientos.

Y expresamente he dejado para el final comentar el problema de la ingestión de proteínas. No se me ha escapado la palabra problema de la pluma, sino que la he puesto muy conscientemente. Vaya por delante que insisto en que se puede hacer un régimen vegetariano, completo, equilibrado y muy saludable; pero he conocido a personas que por falta de la debida información no consumían la ración proteica necesaria para la buena marcha de su salud y tenían las articulaciones tremendamente gastadas, presentando graves problemas de artrosis porque por falta de aminoácidos procedentes de su dieta, su organismo no podía fabricar las proteínas necesarias para la regeneración de sus cartílagos. He visto una muchacha joven a la que bastaba tocarle un poco fuerte los brazos, para que le salieran hematomas, y ello por la misma razón. La falta de prótidos en su alimentación le impedía formar colágeno y otras proteínas necesarias para la buena conservación de sus vasos sanguíneos, que se rompían a la menor presión.

Hemos de tener presente que mientras los glúcidos y las grasas están fundamentalmente destinados a ser quemados para proporcionar energía al organismo, los prótidos tienen como misión formar y reparar nuestros tejidos y también son los elementos con los que formamos hormonas, enzimas, anticuerpos y neurotransmisores.

Repasemos los alimentos más ricos en proteínas: tenemos la soja y las levaduras en primer lugar, luego vienen los quesos y leche en polvo, las carnes, pescados, frutos secos (almendras, avellanas, cacahuetes y nueces), legumbres secas, leche y al final de la lista están los cereales con una proporción de un 1 a un 2% y las frutas y verduras frescas con un 0,5 a 1% de proteínas.

Y ahí está la cuestión: si un vegetariano consume soja, queso, leche, huevos, frutos secos y legumbres a diario, no tiene problema. Además, en las casas de productos dietéticos encontrarán carne vegetal preparada a base de soja, levaduras, almendras... que se presenta en forma de hamburguesas o de patés.

Pero si una persona vive con un poco de leche de almendras, arroz, pan, patatas, frutas y verduras en cantidad, esa al cabo de año y medio o dos años de hacer ese régimen presenta trastornos de muy diversos tipos: falta de memoria y de imaginación, indiferencia frente a las cosas, lo que resulta peligroso, sobre todo en los niños, pues sus tareas escolares salen perjudicadas y, en consecuencia, sus estudios, que serán la base de los estudios superiores que seguirán después, o de su formación profesional. En los adultos el problema de la pérdida de la actividad intelectual también es lamentable, pues su trabajo y sus relaciones personaless se resienten de la apatía y falta de impulso que manifiestan. Asimismo, hay en algunos casos un notable descenso del apetito y de la potencia sexual.

Otro desequilibrio corriente, en una alimentación vegetariana mal llevada, es el antedicho desgaste de cartílagos y problemas de colágeno en general.

También he conocido casos de individuos con exceso de colesterol, que precisamente por ello habían adoptado ese tipo de régimen; cuando es la persona misma la que por un desequilibrio metabólico fabrica el exceso de este lípido, aunque vivan a base de cereales, verduras y frutas, estarán con un nivel alto de colesterol en la sangre, por lo que diré. Me explicaban: no tomamos huevos, ni queso, ni ningún alimento que lleve colesterol, tampoco grasas animales. ¿Qué nos sucede? Pues que el exceso de azúcar que tomaban con las frutas, su organismo transformaba en lípidos. Concretamente traté a algunas personas con los ojos enfermos por tener la sangre espesa y que no podía circular bien por ello por las arteriolas de los mismos y, sin embargo, se atiborraban de uvas y zumos de uvas. El azúcar de esta fruta es glucosa pura, por lo que pasa rápidamente a la sangre, ya que no necesita ser digerida para que pueda ser absorbida por la mucosa intestinal y en su metabolismo, cuando se llega al ácido acético activado o acetil-CoA, nuestro cuerpo con 18 moléculas del mismo, forma una de colesterol.

Por ello siempre advierto: hay gente que se hace vegetariana para combatir el exceso de este lípido; bueno es que tomen verduras en cantidad, pero no que se pongan morados de comer fruta. Sabemos también que cuando en la alimentación predominan las grasas saturadas, puede aumentar la tasa de colesterol en la sangre. Pues bien, aunque tengan origen vegetal, los aceites de coco, palma y manteca de cacao son ricos en ácidos grasos saturados y por tanto desaconsejables.

Deben suprimirse también las almendras, avellanas y cacahuetes. En cambio, pueden tomarse nueces, aunque se tenga una tasa alta de colesterol.

Entonces, debe quedarnos grabado como resumen de lo dicho hasta aquí.

La dieta vegetariana es posible seguirla y puede ser buena; ahora bien, tiene unos puntos flacos que deben tenerse en cuenta.

a) Posible falta del complejo B, que se soluciona con un suplemento de levaduras.

b) Deficiencia más o menos acusada de hierro, que debe paliarse con la toma diaria de los alimentos de origen vegetal ricos en este mineral que ya he citado y que también pueden encontrarse en el capítulo de la anemia, y sobre todo el hierro en miel allí citado.

c) Vigilar la ración proteica pensando que si faltan este tipo de alimentos, disminuye la actividad intelectual, la potencia sexual y que se pueden llegar a presentar graves problemas en la reparación de los tejidos de nuestro cuerpo, siendo uno de los más apreciables el de la disminución de la formación de colágeno —que es la proteína más abundante de nuestro organismo—, deficiencia que lleva a problemas en los vasos sanguíneos y en los cartílagos, entre los más destacables.

Los ajos son, como he dicho, vasodilatadores, y por ello se utilizan mucho en problemas vasculares como arteriosclerosis e insuficiencias circulatorias de todo tipo.

Las personas que siguen un régimen vegetariano es muy corriente que estén preocupadas por las compatibilidades e incompatibilidades de los alimentos, pues incluyendo algunos de estos en la misma comida los toleran bien y mezclando otros no hacen bien la digestión.

Hemos de tener en cuenta que en los alimentos de origen vegetal predominan los azúcares, las féculas y que muchos de entre ellos son ricos en ciertos ácidos como el cítrico, málico, oxálico y adípico.

Si incluimos en la misma toma varios alimentos amiláceos (ricos en almidón), como son el pan, el arroz, las patatas, las legumbres, las castañas, plátanos y boniatos, para hacer su digestión necesitamos una enzima llamada amilasa que segrega el páncreas y que naturalmente podemos formar en cantidad limitada, por lo que resulta fácil comprender que no deben tomarse juntos varios alimentos feculentos.

DIETAS A LA CARTA

Por otra parte, voy a anotar a continuación algunas frutas ricas en los ácidos orgánicos que antes he citado.

Ácido cítrico. Limones, pomelos, naranjas, albaricoques, fresas, frambuesas, grosellas, arándanos o mirtilos. Estos alimentos tienen más de 1000 mg de ácido por 100 g de parte comestible, pasando de los 3000 mg en los limones y grosellas negras.

Las piñas, tanto al natural como en conserva, tienen alrededor de 800 mg y los higos secos y melocotones se quedan alrededor de los 300 mg.

Ácido málico. Tienen más de 1000 mg de ácido por 100 g de parte comestible, los membrillos, manzanas, ciertos tipos de cerezas, ciruelas y grosellas. Estas dos últimas frutas pasan de los 2000 mg.

Ácido oxálico. Tienen más de 10 mg por 100 g de parte comestible los melocotones, naranjas, fresas, frambuesas, grosellas y mirtilos.

Las nueces también tienen bastante ácido oxálico y los plátanos se quedan en 6 mg.

Entre las verduras citaremos las propiedades medicinales, de las más corrientes:

Diuréticas. Espárragos, puerros, cebolla y apio.

Estimulantes de la secreción biliar. Alcachofas.

Vermífugas (que ahuyentan las lombrices intestinales). Semillas de calabaza, coles, «choucroute» (col picada fermentada), cebollas.

Emolientes (remedios que sirven para ablandar ciertos tumores). Espinacas, lechugas y zanahorias.

Depurativo. Rábanos.

Otra cosa a tener en consideración por los vegetarianos tentados a llevar un régimen en el que predominen los cereales, aunque estos sean completos, es que estos alimentos no solo tienen una proporción muy pequeña de prótidos, sino que además estos son pobres en aminoácidos esenciales, y vamos a explicar qué significa esto. Todas las proteínas de los seres vivos están formadas por la unión (en orden y proporción distinta) de 20 aminoácidos.

A partir de otros, es decir, deshaciendo y recomponiéndolos, el hombre puede fabricar 12 de entre los 20 que son constituyentes de todos los seres vivos; pero hay 8 que ha de tomarlos ya formados, pues los humanos hemos perdido la capacidad de producirlos, y estos son: lisina, metionina, treonina, triptófano, valina, isoleucina, leucina y fenilalanina.

Pues bien, el trigo es pobre en lisina, el maíz en metionina y el arroz en treonina, y todos los cereales y los vegetales en general son pobres en triptófano.

Precisamente en la actualidad se sabe que este aminoácido es el precursor del neurotransmisor llamado serotonina. No puede extrañarnos, en consecuencia, que una persona que haga un régimen desequilibrado, en el que no entren los quesos, huevos y leche, presente ciertas dificultades de memoria y tenga las facultades intelectuales algo disminuidas. Además, la niacina o factor —antipelagra— del complejo vitamínico B puede ser fabricada por nuestro organismo a partir del triptófano.

Asimismo, la tirosina es otro aminoácido, precursor de la noradrenalina, que también es un neurotransmisor; por lo que, con estas consideraciones, creo que no es necesario insistir más en la necesidad seria de vigilar el contenido proteico de la alimentación vegetariana que, bien programada, puede llevarse perfectamente y resultar muy saludable para algunas personas, según ellas mismas manifiestan.

PAUTAS PARA UNA DIETA TIPO VEGETARIANA

Desayuno: A las ocho de la mañana: 60 g de requesón o queso fresco (si hay problemas de colesterol o grasas en la sangre, mejor descremado) con un poco de miel, pan integral y un zumo de naranja con una cucharada de levadura de cerveza.

Media mañana: Un yogur y frutos secos o una taza de leche con malta y unas galletas integrales o de soja.

Comida: Legumbres (soja, garbanzos, judías, lentejas, habas, guisantes) y un segundo plato con huevos y verdura cruda como tomate, zanahoria. rallada, etc. O bien la ensalada, las legumbres y un postre a base de leche y huevos como crema o flan. Otra variante puede ser un plato de verduras con patatas y luego hamburguesas de carne vegetal que se encuentra en los establecimientos de régimen.

Merienda: Frutos secos (almendras, avellanas, nueces) con dátiles u orejones y un poco de pan integral o fruta fresca, unas galletas y un vaso de leche. O bien pan integral con paté vegetal y una fruta o vaso de leche.

Cena: Si no se toma pescado, tomar un puré de verduras con germen de trigo o verdura hervida aliñada con aceite y ajos, pueden tomarse platos a base de besamel enriquecida con leche descremada en polvo (rica en proteínas, fósforo y calcio).

Por ejemplo, espinacas con besamel o coliflor al horno con esa salsa.

El pan integral es más rico en minerales y vitaminas que el blanco y, si se digiere bien, debe preferirse al blanco. Pero no solo en la dieta vegetariana sino en todas, porque además de las ventajas citadas, tiene la de ser rico en celulosa y, por ello, muy útil para conseguir una evacuación diaria y regular.

De todos modos, es más fácil hacer una dieta equilibrada con una alimentación omnívora.

Aplicaciones más usuales
de las infusiones

Afrodisiaca: Menta, ajedrea.

Analgésica: Menta, manzanilla (compresas).

Aliento: Enjuagues, infusión menta.

Aperitivo: Infusión de manzanilla $\frac{1}{2}$ hora antes de las comidas.

Bilis: Boldo, menta, poleo, manzanilla.

Bronquios: Menta, poleo.

Cabellos rubios: Manzanilla.

Cólicos hepáticos: Manzanilla, boldo.

Contusiones: Compresas de manzanilla.

Cuperosa: Compresas de manzanilla.

Digestión: Menta, manzanilla, poleo, hierba Luisa,

Diurético: Té, menta, equiseto, estigmas de maíz.

Dolores (golpes, reumáticos): Compresas de manzanilla.

Dolores (estómago, hígado): Manzanilla, menta, poleo, hierba Luisa.

Estimulantes: Menta, té.

Estómago: Menta, manzanilla, hierba Luisa, poleo.

Estomatitis: Enjuagues con infusión de menta.

Flato: Menta, hierba Luisa, poleo, anís, hinojos.

Gases: Menta, poleo, hierba Luisa, anís, hinojos.

Gingivitis: Enjuagues con infusión de menta.

Golpes: Compresas de manzanilla.

Gripes: Menta, poleo, manzanilla.

Hígado: Manzanilla, menta, boldo.

Insomnio: Tila, menta, azahar.

Litiasis biliar: Boldo, menta, manzanilla.

Malas digestiones: Menta, manzanilla, hierba Luisa, poleo, boldo, anís, hinojos.

Migrañas: Compresas de manzanilla.

Nervios: Tila, azahar.

Neuralgias: Compresas de manzanilla y menta.

Ojos: Compresas de manzanilla.

Párpados inflamados: Compresas de manzanilla y de té.

Piedras en la vesícula: Boldo, manzanilla, menta.

Piel grasa: Compresas de menta.

Poros dilatados: Compresas de menta.

Reglas dolorosas: Infusión de manzanilla.

Resfriados: Menta, poleo.

Sueño: Tila, azahar.

Tónicos: Menta, manzanilla, poleo, hierba Luisa, té.

Tos: Menta, poleo.

Vesícula: Boldo, manzanilla, menta.

Vomitivo: Infusión concentrada de manzanilla.

Vocabulario esencial

Ácidos grasos esenciales: Son aquellos que nuestro organismo no puede fabricar y hemos de tomarlos en los alimentos ya hechos. El más importante es el ácido linoleico, que tiene 18 átomos de carbono y dos enlaces insaturados. Nuestro cuerpo forma con ellos unas sustancias denominadas prostaglandinas.

ADN o ácido desoxirribonucleico: Es el compuesto que se encuentra en el núcleo celular y que encierra el código genético en una especie de lenguaje cifrado, encerrado en la secuencia de bases púricas y pirimídicas del mismo. Cada tres de estas bases codifican un determinado aminoácido; como el orden y proporción en que estos entran en una determinada proteína está regido por estos triplets de bases o «codones», el ADN es el que ordena cómo serán nuestros prótidos y, en realidad, todo nuestro cuerpo.

Albuminoides: Nombre con el que antiguamente se designaba a los prótidos o proteínas.

Almidón: Molécula compleja formada por la agrupación de millares de moléculas de glucosa que quedan liberadas al final de la digestión del mismo. Es un glúcido y nos suministra 4 calorías por gramo.

Aminoácidos: Moléculas relativamente sencillas, capaces de atravesar la pared intestinal y las membranas celulares. Encadenados forman los prótidos o proteínas, siendo veinte los constituyentes de los prótidos de todos los seres vivos.

ARN o ácido ribonucleico mensajero: Cuando las células han de formar una proteína determinada, ciertas enzimas hacen que el ADN se desenrosque en el segmento que la codifica y se forma el ARN mensajero, que es como una cinta que lleva transcrito el mensaje del ADN que indica cuáles son los aminoácidos y en qué orden deben estar colocados para formar la proteína que se necesita.

ARN transferidores: Son unos ácidos ribonucleicos que tienen un trozo, llamado «anticodón», que reconoce al triplete de bases o «codón» del ARN mensajero que codifica un aminoácido determinado, el cual, si está unido al tARN, este lo cederá en la formación de la cadena proteínica.

Arteriosclerosis: Arterias endurecidas por ateromas de grasas saturadas y colesterol, calcificados.

Ateromas: Depósitos de lípidos (grasas y colesterol) y coagulitos de sangre.

ATP o Adenosin trifosfato: Molécula de «alta energía» necesaria en todos los procesos bioquímicos en los que se realiza trabajo, tales como el transporte activo a través de membranas celulares contra un gradiente de concentración, o en las biosíntesis, es decir, en la fabricación de sustancias complejas por los seres vivos. Estas moléculas suelen estar formando complejos con iones magnesio.

Bilis: Secreción del hígado. Ayuda a hacer la digestión de las grasas.

Biocatalizador: Sustancia que aumenta la velocidad de una reacción química de los seres vivos.

Caloría: Unidad de cantidad de calor. Calor necesario para elevar un grado la temperatura de un gramo de agua.

Carbohidratos: Nombre que antes se daba a los glúcidos. También es lo mismo que hidratos de carbono. Alimentos energéticos que suministran 4 calorías por gramo.

Carencia: Falta de algún alimento. Las primeras carencias que se descubrieron fueron las de ciertas vitaminas. Si la carencia no es muy grave, se llama subcarencia o deficiencia.

Caroteno: Sustancia que se encuentra en los vegetales, a partir de la cual podemos acabar de formar en nuestro organismo vitamina A. Es por ello una «provitamina».

Caseína: Proteína que se encuentra en la leche junto a la lactoalbúmina y la lactoglobulina, que son también proteínas.

Catalizadores: Sustancias que hacen aumentar la velocidad de las reacciones químicas.

Coenzima: Los biocatalizadores son enzimas formadas por una proteína y una coenzima, que suele ser una vitamina o un mineral.

Colágena: Es una proteína muy abundante en nuestro cuerpo, que entra en la composición de los cartílagos, los tendones y los tejidos que unen los órganos unos con otros y los tejidos unos con otros. Ella sola constituye más de un tercio de la proteína total de nuestro organismo.

Colesterol: Lípido que se encuentra en las membranas celulares, en la vaina de mielina del tejido nervioso y en la bilis, de donde a veces se deposita, formando cálculos en la vesícula biliar. También forma depósitos en las paredes vasculares junto con grasas sólidas.

El organismo se sirve de la colesterina para formar los ácidos biliares, hormonas de las cápsulas suprarrenales, hormonas sexuales y vitamina D.

Deficiencia: Falta de algún alimento. Si es grave, se llama carencia; si no, deficiencia o subcarencia.

Dieta: Suele entenderse como el régimen especial de comida que se impone a una persona determinada, para corregir un desequilibrio funcional o en una enfermedad. También puede entenderse como los alimentos que toma una persona.

Digestión: Serie de procesos fisicoquímicos que sufren los alimentos a fin de transformarlos en sustancias más sencillas que puedan ser absorbidas por la mucosa intestinal. En la digestión de los glúcidos, se obtiene glucosa; en la de las grasas, glicerol (o glicerina) y ácidos grasos, y en la de los prótidos, aminoácidos.

Enzima: Biocatalizador.

Ergosterol: Sustancia que se encuentra en los vegetales, que nuestro cuerpo puede transformar en vitamina D por la acción de los rayos ultravioletas.

Esencial: Que al no poder fabricarlo nuestro cuerpo, hemos de tomarlo a través de los alimentos.

Glucógeno: Llamado también almidón animal, es fabricado por el hígado con glucosa. Es una sustancia de reserva que libera la glucosa cuando baja la tasa de esta en la sangre.

Glucosa: Azúcar que se encuentra en la uva, en las frutas y miel, que forma parte de los azúcares más complejos, y es el constituyente del almidón que tomamos en las féculas y harinas, que es una sustancia de reserva de los vegetales. Las plantas, también con glucosa, fabrican celulosa, que es una sustancia que sirve para engrosar las paredes celulares, sirviendo para ellas de sostén. La celulosa, a diferencia del almidón, no es digerible por los humanos y por ello ayuda a conseguir una evacuación regular, corrigiendo el estreñimiento.

Gástrico: Del estómago.

Grasas insaturadas: Aquellas en las que abundan ácidos grasos con dobles enlaces; suelen ser líquidos y los llamamos aceites.

Grasas saturadas: Las ricas en ácidos grasos saturados (sin dobles enlaces); resultan ser espesas o sólidas a la temperatura ordinaria, y más o menos coinciden con las de origen animal. Los aceites de palma y coco, aun siendo vegetales, son saturados y también la manteca de cacao.

Iones: Átomos o grupos de átomos con carga eléctrica; los iones del magnesio, por ejemplo, son átomos de este elemento que, por pérdida de dos electrones, tiene cargas positivas.

Lactasa: Enzima que permite la digestión de la lactosa y que falta en algunas personas; a estas, la leche les produce naúsea, malestar o diarrea.

Lactosa: Azúcar de la leche; en el yogur, por la acción de ciertas bacterias, se convierte en ácido láctico.

Lisina: Aminoácido esencial en el que es pobre el trigo.

Lípidos: Grupo de sustancias, miscibles entre sí, entre las que se encuentran las grasas y las esterinas, y entre estas el colesterol.

Metionina: Aminoácido esencial que falta en la harina de maíz.

Neurotransmisores: Sustancias que permiten el paso de la corriente nerviosa entre las neuronas o células nerviosas.

Precursores: Sustancias a partir de las cuales nuestro organismo forma otras que le son necesarias.

Ribosomas: Lugares del citoplasma celular en el que formamos las proteínas. Consta de dos partes o subunidades que se acoplan cuando llega el ARN mensajero con el código de la proteína que se va a formar. Si no hay una concentración determinada de cloruro magnésico en el interior celular, las dos subunidades ribosómicas se desacoplan y no puede formarse la proteína.

Saturado: Cuando los ácidos grasos no tienen dobles enlaces, se llaman saturados, y las grasas en las que estos abundan, saturadas. Son sólidas o pastosas a la temperatura ordinaria y pueden formar depósitos en las paredes de los vasos sanguíneos, obstruyéndolos y dificultando con ello el paso de la sangre. Más o menos coinciden con las de origen animal, exceptuándose los aceites de pescado, que suelen ser insaturados.

Subcarencia: Falta de un elemento necesario en la dieta; se le llama también deficiencia. Cuando la deficiencia es grave, se le llama carencia.

Apéndice 1
Tablas de composición
de alimentos

En algunos alimentos en el lugar de un determinado nutriente hay un guión. No es que, por ejemplo, los quesos manchegos o de Burgos no tengan calcio, sino que la época en que se hicieron las tablas no se tenían sus valores.

ALIMENTO	Calorías por 100 g	Gramos por 100 g de alimento		
		Prótidos	Lípidos	Grasas
CEREALES Y DERIVADOS				
Arroz hervido	126	2,3	0,2	31,1
Arroz paella	320	6,9	0,4	74,5
Copos de avena	384	14,3	7,7	65,2
Cebada hervida	125	2,6	0,6	27,6
Maíz en grano	364	9,6	3,5	73,9
Copos de trigo	356	10,8	2,3	75,0
Macarrones cocidos	110	3,4	0,4	22,0
Pan de centeno	232	6,5	0,9	47,9
Pan de diabético	235	8,7	0,7	47,8
Pan de trigo integral	241	8,9	1,6	49,4
Pan de trigo moreno	246	8,4	1,9	50,5
Pan de trigo blanco	262	8,2	1,3	53,0
Pan de trigo biscotes	314	9,4	0,9	68,5
Pan de trigo frito	542	7,2	37,2	51,0
Pan de Viena	265	8,2	2,2	55,0
Buñuelos fritos	408	6,3	20,1	51,6
Galletas	435	7,4	13,0	73,3
Harina de soja	440	43,0	22,0	18,0
Sémola	349	9,8	1,4	75,0
Tapioca	350	0,6	0,2	86,1
Tarta de manzana	250	4,1	9,1	46,0
LEGUMBRES				
Garbanzos cocidos	150	10,2	5,0	18,1
Guisantes cocidos	68	4,0	0,3	10,6
Habas cocidas	108	7,1	0,9	20,6

ALIMENTO	Miligramos por 100 g de alimento			
	Calcio	Magnesio	Hierro	Fósforo
CEREALES Y DERIVADOS				
Arroz hervido	4,0	4,4	0,18	34,0
Arroz paella	2,8	10,0	0,33	65,0
Copos de avena	55,0	124,0	4,12	368,0
Cebada hervida	3,4	6,8	0,23	70,0
Maíz en grano	21,0	82,0	3,60	258,0
Copos de trigo	42,0	140,0	5,20	340,0
Macarrones cocidos	6,7	17,6	0,45	47,0
Pan de centeno	21,0	26,0	0,89	110,0
Pan de diabético	12,3	61,0	1,78	89,1
Pan de trigo integral	65,0	80,0	2,90	211,0
Pan de trigo moreno	17,2	52,3	2,10	158,0
Pan de trigo blanco	38,0	25,0	1,43	76,0
Pan de trigo biscotes	13,5	19,5	1,70	82,0
Pan de trigo frito	10,1	14,5	1,27	61,0
Pan de Viena	19,0	—	1,20	52,0
Buñuelos fritos	69,0	—	0,60	276,0
Galletas	45,4	14,3	1,24	41,0
Harina de soja	233,0	235,0	6,93	595,0
Sémola	14,0	41,0	1,00	91,0
Tapioca	9,2	2,0	0,51	20,0
Tarta de manzana	6,9	—	0,30	22,0
LEGUMBRES				
Garbanzos cocidos	35,5	36,2	2,00	96,3
Guisantes cocidos	18,0	21,4	1,60	83,8
Habas cocidas	103,0	33,3	1,07	86,5

ALIMENTO	Calorías por 100 g	Gramos por 100 g de alimento		
		Prótidos	Lípidos	Grasas
Judías blancas cocidas	99,0	7,60	0,80	18,3
Judías rojas cocidas	92,0	6,60	0,40	16,3
Lentejas cocidas	102,0	7,10	0,30	19,5
TUBÉRCULOS Y HORTALIZAS				
Acelgas cocidas	5,0	0,36	—	0,9
Ajo	115,0	6,60	0,10	26,1
Alcachofa cocida	16,0	1,10	0,20	3,5
Apio crudo	19,0	1,20	0,20	4,5
Apio cocido	9,5	1,00	0,15	2,1
Boniato cocido	98,0	1,70	0,50	26,0
Berenjena cocida	10,0	1,10	—	2,6
Berros crudos	25,0	2,10	0,30	4,7
Brócoli cocido	17,0	1,30	0,13	4,2
Calabaza cocida	21,0	1,08	0,22	4,8
Calabacín cocido	6,0	0,90	—	1,6
Cardo cocido	17,0	1,40	0,20	3,6
Cebolla cruda	38,0	1,30	0,20	8,8
Cebolla cocida	20,2	0,40	0,20	4,3
Cebolla frita	335,0	1,80	33,3	13,2
Col cruda	28,0	1,70	0,20	6,1
Col cocida	15,0	1,30	0,10	2,6
Col de Bruselas cocida	20,0	3,10	0,40	5,1
Coliflor cocida	20,0	1,90	0,70	3,0
Champiñón crudo	27,0	3,70	0,20	3,7
Escarola cruda	20,0	1,60	0,20	4,0
Espárragos cocidos	20,0	2,10	0,20	3,8
Espinacas cocidas	20,0	2,20	0,20	5,2

ALIMENTO	Miligramos por 100 g de alimento			
	Calcio	Magnesio	Hierro	Fósforo
Judías blancas cocidas	87,0	45,3	1,60	110,0
Judías rojas cocidas	43,0	65,0	1,70	97,0
Lentejas cocidas	18,5	16,6	2,20	95,0
TUBÉRCULOS Y HORTALIZAS				
Acelgas cocidas	—	—	—	—
Ajo	10,0	—	2,00	140,0
Alcachofa cocida	43,5	27,2	0,49	39,7
Apio crudo	52,2	18,0	0,51	39,0
Apio cocido	43,0	8,6	0,35	22,0
Boniato cocido	27,0	12,3	0,65	47,1
Berenjena cocida	8,3	6,4	0,18	6,3
Berros crudos	192,0	24,0	2,90	49,0
Brócoli cocido	90,0	—	1,10	3,4
Calabaza cocida	16,2	4,3	0,31	18,7
Calabacín cocido	21,4	3,9	0,17	18,6
Cardo cocido	73,0	42,0	1,80	57,0
Cebolla cruda	31,2	9,3	0,40	42,0
Cebolla cocida	24,4	4,9	0,25	19,0
Cebolla frita	61,0	14,8	0,59	59,0
Col cruda	61,0	14,8	0,90	36,0
Col cocida	58,0	7,3	0,47	16,4
Col de Bruselas cocida	26,0	10,6	0,80	49,0
Coliflor cocida	61,0	5,7	0,53	36,0
Champiñón crudo	25,0	—	—	—
Escarola cruda	58,0	12,0	2,20	56,0
Espárragos cocidos	21,0	10,4	1,00	56,0
Espinacas cocidas	98,0	59,2	3,00	39,0

ALIMENTO	Calorías por 100 g	Gramos por 100 g de alimento		
		Prótidos	Lípidos	Grasas
Judías verdes cocidas	15,0	1,0	0,10	3,2
Lechuga cruda	17,0	1,2	0,20	2,9
Lombarda cocida	10,0	1,1	—	2,8
Nabos cocidos	21,0	1,3	0,20	4,7
Patata cocida	65,0	1,7	0,30	15,4
Patata asada	110,0	2,6	0,70	29,4
Patata frita	230,0	3,3	10,60	30,1
Pepino crudo	10,0	0,7	0,15	2,7
Perejil crudo	50,0	3,9	0,90	8,8
Pimiento crudo	27,0	1,3	0,60	7,2
Pimiento cocido	18,0	0,9	0,25	4,5
Puerro cocido	25,0	2,3	—	4,9
Rábanos crudos	18,0	1,2	0,10	3,6
Remolacha cocida	35,0	1,9	0,10	8,9
Setas fritas	217,0	2,2	24,30	5,8
Tomate crudo	21,0	1,3	0,25	4,0
Tomate cocido	19,0	1,0	0,10	3,8
Tomate frito	73,0	2,3	6,20	4,2
Tomate en jugo	18,0	0,8	1,20	3,5
Zanahoria cruda	40,0	1,1	0,30	8,8
Zanahoria cocida	27,0	0,8	0,40	6,1
FRUTOS SECOS				
Albaricoque seco	268,0	5,3	0,40	67,6
Almendras	612,0	19,7	54,50	17,6
Avellanas	620,0	15,5	62,20	15,5
Cacahuete tostado	610,0	26,5	48,10	18,3
Cacao en polvo	340,0	26,0	18,80	38,0

| | Miligramos por 100 g de alimento | | | |
ALIMENTO	Calcio	Magnesio	Hierro	Fósforo
Judías verdes cocidas	38,6	10,1	1,20	17,0
Lechuga cruda	29,0	10,5	0,90	27,0
Lombarda cocida	29,3	10,7	0,21	21,0
Nabos cocidos	55,0	6,6	0,80	27,0
Patata cocida	6,1	15,0	0,48	32,0
Patata asada	12,0	32,0	0,90	59,0
Patata frita	16,0	43,3	1,20	82,0
Pepino crudo	18,0	9,0	0,30	22,0
Perejil crudo	240,0	52,2	5,30	92,0
Pimiento crudo	11,0	12,0	0,40	26,0
Pimiento cocido	8,0	—	0,80	16,0
Puerro cocido	60,5	12,5	2,00	27,5
Rábanos crudos	43,0	13,0	1,30	27,0
Remolacha cocida	27,0	16,9	0,70	29,0
Setas fritas	3,5	16,0	1,25	166,0
Tomate crudo	11,5	13,0	0,50	24,0
Tomate cocido	11,0	12,0	0,60	22,0
Tomate frito	36,0	12,4	0,56	23,0
Tomate en jugo	7,0	10,0	0,40	15,0
Zanahoria cruda	44,0	15,0	0,80	34,0
Zanahoria cocida	32,0	7,6	0,60	24,0
FRUTOS SECOS				
Albaricoque seco	88,0	65,2	4,60	118,0
Almendras	250,0	252,0	4,30	453,0
Avellanas	240,0	99,0	3,80	317,0
Cacahuete tostado	62,0	171,0	2,30	382,0
Cacao en polvo	135,0	420,0	2,70	709,0

ALIMENTO	Calorías por 100 g	Gramos por 100 g de alimento		
		Prótidos	Lípidos	Grasas
Higos secos	280	3,9	1,3	67,20
Castaña seca	350	8,2	3,5	75,30
Ciruela pasa	262	2,4	0,6	72,00
Coco fresco	350	3,8	34,8	14,80
Dátiles secos	271	2,2	0,6	72,00
Melocotones secos	253	3,0	0,5	63,00
Nueces	643	17,8	57,6	17,60
Piñones	510	26,4	40,0	29,20
Uvas pasas	288	3,1	0,9	69,20
LECHES Y DERIVADOS				
Helado	206	3,9	12,0	21,00
Leche de vaca	68	3,5	3,8	5,00
Leche de vaca desnatada	36	3,6	0,1	4,90
Leche condensada (con azúcar)	348	8,1	8,9	54,80
Leche en polvo desnatada	356	36,8	1,3	53,80
Leche en polvo	510	26,8	27,9	38,80
Mantequilla	718	0,68	81,3	0,70
Nata fresca	362	2,3	38,0	3,10
Queso de Burgos	190	12,1	14,6	3,16
Queso Cabrales	400	26,7	34,7	2,10
Queso Enmental	397	26,8	30,5	2,30
Queso Gruyère	420	33,0	32,2	4,00
Queso Manchego	400	32,5	32,0	1,40
Queso Roquefort	393	23,4	33,6	2,50
Requesón Miraflores	150	8,7	12,1	4,80
Yogur	62	3,8	3,5	4,30

ALIMENTO	Miligramos por 100 g de alimento			
	Calcio	Magnesio	Hierro	Fósforo
Higos secos	212,0	86,0	3,40	91,5
Castaña seca	98,0	138,0	3,90	230,0
Ciruela pasa	52,0	31,0	3,20	78,0
Coco fresco	16,0	45,0	4,10	110,0
Dátiles secos	66,0	58,0	1,60	59,0
Melocotones secos	42,0	54,1	6,75	124,0
Nueces	81,0	185,0	2,90	410,0
Piñones	—	—	—	—
Uvas pasas	61,0	36,0	3,00	105,0
LECHES Y DERIVADOS				
Helado	138,0	58,0	0,10	115,0
Leche de vaca	120,0	14,5	0,10	95,0
Leche de vaca desnatada	120,5	14,5	0,10	93,0
Leche condensada (con azúcar)	285,0	36,0	0,20	238,0
Leche en polvo desnatada	1.290,0	111,0	0,55	1.030,0
Leche en polvo	965,0	112,0	0,60	745,0
Mantequilla	24,0	4,6	0,20	20,0
Nata fresca	76,0	9,3	3,30	32,0
Queso de Burgos	—	—	—	—
Queso Cabrales	—	—	—	—
Queso Enmental	900,0	52,6	0,90	758,0
Queso Gruyère	1.000,0	45,0	0,80	710,0
Queso Manchego	—	—	—	—
Queso Roquefort	750,0	—	1,00	—
Requesón Miraflores	300,0	—	—	—
Yogur	145,0	—	—	123,0

* Los quesos de Burgos, Cabrales y manchego tienen calcio, pero en la época en que se hicieron estas tablas no había datos.

ALIMENTO	Calorías por 100 g	Gramos por 100 g de alimento		
		Prótidos	Lípidos	Grasas
HUEVOS				
Clara de huevo cruda	53	10,4	0,3	0,70
Huevo entero crudo	155	13,6	10,9	0,55
Huevo frito	220	13,6	17,5	2,00
Huevo cocido	155	12,1	11,6	0,60
Huevo revuelto	250	11,7	18,3	1,20
Tortilla, 1 huevo	258	9,1	26,3	4,60
Yema de huevo cruda	352	16,4	30,1	0,60
AZÚCAR Y DULCES				
Azúcar blanco	401	—	—	99,80
Azúcar moreno	378	1,4	—	93,60
Caramelos	397	2,4	11,6	79,50
Confituras	292	0,6	2,1	69,20
Chocolate amargo	561	5,7	53,3	38,00
Chocolate con leche	558	7,4	31,3	53,00
Miel de abeja	328	0,4	—	81,00
PESCADOS				
Almejas cocidas	68	12,1	2,4	—
Anchoas en conserva	185	18,8	11,2	1,00
Anguila cocida	232	13,1	17,3	3,50
Atún en conserva	261	33,2	14,6	0,30
Bacalao frito	181	21,7	9,0	5,00
Calamar frito	118	10,1	9,2	—
Centollo cocido	75	14,8	2,7	—

ALIMENTO	Miligramos por 100 g de alimento			
	Calcio	Magnesio	Hierro	Fósforo
HUEVOS				
Clara de huevo cruda	8,8	11,5	0,15	19,0
Huevo entero crudo	56,0	14,0	2,10	190,0
Huevo frito	81,0	13,9	2,30	300,0
Huevo cocido	54,0	12,3	2,50	209,0
Huevo revuelto	66,0	12,0	2,00	180,0
Tortilla, 1 huevo	39,0	8,4	1,63	143,0
Yema de huevo cruda	142,0	16,3	5,90	495,0
AZÚCAR Y DULCES				
Azúcar blanco	—	—	—	—
Azúcar moreno	80,0	—	2,80	38,0
Caramelos	121,0	2,0	2,10	82,0
Confituras	16,0	—	0,40	11,1
Chocolate amargo	98,0	—	5,10	411,0
Chocolate con leche	170,0	58,9	1,30	310,0
Miel de abeja	5,0	6,0	0,90	16,0
PESCADOS				
Almejas cocidas	197,0	25,0	13,50	331,0
Ancas de rana fritas	—	—	—	—
Anchoas en conserva	18,0	—	—	340,0
Anguila cocida	14,4	14,8	1,00	200,0
Atún en conserva	21,0	—	1,60	325,0
Bacalao frito	49,6	26,8	1,20	223,0
Calamar frito	343,0	39,1	2,80	321,0
Centollo cocido	29,4	47,9	1,30	350,0

ALIMENTO	Calorías por 100 g	Gramos por 100 g de alimento		
		Prótidos	Lípidos	Grasas
Congrio frito	246	17,3	19,0	6,5
Dorada cocida	91	19,4	1,4	—
Gallo cocido	9	20,6	1,6	—
Gallo frito	122	20,6	5,3	—
Gambas cocidas	107	22,3	2,4	—
Langosta cocida	106	18,2	3,4	0,4
Langostino cocido	124	39,2	8,3	—
Lenguado frito	221	20,1	15,3	—
Lubina cocida	123	19,5	5,1	—
Mejillón cocido	87	16,8	2,0	—
Merluza cocida	104	18,3	3,3	—
Merluza frita	170	18,9	9,3	6,2
Mero cocido	107	20,4	3,4	—
Ostras frescas	53	9,6	1,5	3,8
Percas cocidas	92	18,4	2,2	0,8
Percebes cocidos	95	19,2	1,9	0,8
Pescadilla cocida	95	20,9	0,8	1,2
Pescadilla frita	183	19,6	10,7	2,8
Platija frita	219	15,4	13,0	9,3
Rape cocido	82	16,5	2,1	—
Raya frita	242	15,0	16,4	7,5
Rodaballo cocido	117	26,2	1,6	—
Salmón en conserva	155	20,3	8,2	0,2
Salmonete frito	164	17,6	10,5	0,7
Sardina frita	347	19,6	33,4	—
Sardina en conserva	209	19,8	14,5	0,9
Trucha frita	188	26,0	10,2	—
Vieira fresca	73	14,8	1,9	—

ALIMENTO	Miligramos por 100 g de alimento			
	Calcio	Magnesio	Hierro	Fósforo
Congrio frito	24,2	29,4	1,00	247
Dorada cocida	23,0	29,0	0,60	251
Gallo cocido	36,0	30,3	0,70	242
Gallo frito	41,6	32,3	0,79	234
Gambas cocidas	320,0	105,0	1,80	270
Langosta cocida	58,0	34,3	0,70	224
Langostino cocido	—	—	—	—
Lenguado frito	93,0	25,0	1,10	232
Lubina cocida	46,9	26,9	0,70	220
Mejillón cocido	197,0	25,0	13,50	331
Merluza cocida	15,9	26,7	0,60	218
Merluza frita	19,6	28,0	0,80	218
Mero cocido	15,3	31,0	0,70	230
Ostras frescas	91,0	40,5	6,20	172
Percas cocidas	32,0	28,0	0,90	232
Percebes cocidos	101,0	—	—	—
Pescadilla cocida	42,0	28,3	1,00	189
Pescadilla frita	47,7	32,5	0,70	258
Platija frita	95,0	22,0	1,10	241
Rape cocido	21,3	20,9	0,30	189
Raya frita	19,4	23,2	1,20	238
Rodaballo cocido	14,3	28,7	0,60	210
Salmón en conserva	66,4	29,8	1,30	285
Salmonete frito	24,0	31,2	0,80	276
Sardina frita	51,0	45,8	4,50	635
Sardina en conserva	95,0	41,3	4,00	382
Trucha frita	19,0	26,3	1,20	274
Vieira fresca	78,0	—	—	315

ALIMENTO	Calorías por 100 g	Gramos por 100 g de alimento		
		Prótidos	Lípidos	Grasas
CARNES - CERDO				
Costillas semigrasas fritas	560	15,2	62,0	—
Hígado frito	236	22,7	10,8	9,5
Jamón cocido	435	16,2	39,6	—
Jamón salado	262	15,8	18,7	0,3
Lomo frito graso	489	16,1	53,2	—
Lomo asado graso	412	23,7	35,8	—
Lomo asado magro	271	26,1	18,1	—
Lomo estofado magro	285	20,3	23,2	1,8
Lomo frito magro	316	19,6	28,1	—
Manteca de cerdo	877	0,8	98,0	—
Pierna asada	317	24,3	23,2	—
CORDERO				
Corazón asado	239	25,0	14,7	—
Costillas grasas estofadas	424	20,1	40,1	—
Costillas grasas asadas	396	21,7	37,8	—
Costillas magras estofadas	235	26,9	14,9	—
Costillas magras asadas	195	23,3	11,7	0,8
Costillas magras fritas	305	24,8	23,6	—
Cuello estofado	326	24,2	24,4	—
Hígado cocido	232	24,8	8,5	10,5
Lengua estofada	297	18,0	24,0	—
Pierna asada	260	22,0	19,0	—
Riñón frito	192	28,0	9,1	—
Sesos cocidos	103	11,7	6,7	—

ALIMENTO	Miligramos por 100 g de alimento			
	Calcio	Magnesio	Hierro	Fósforo
CARNES - CERDO				
Costillas semigrasas fritas	7,8	12,3	1,8	163
Hígado frito	13,5	—	20,1	391
Jamón cocido	12,7	17,4	2,5	192
Jamón salado	11,2	15,7	2,3	164
Lomo frito graso	7,1	20,3	1,9	180
Lomo asado graso	9,8	20,0	3,3	211
Lomo asado magro	5,3	24,3	3,5	225
Lomo estofado magro	7,2	21,3	2,6	188
Lomo frito magro	7,3	112,0	2,8	195
Manteca de cerdo	0,7	0,8	1,1	0,21
Pierna asada	5,2	22,6	1,7	363
CORDERO				
Corazón asado	—	—	—	—
Costillas grasas estofadas	13,5	19,8	2,8	195
Costillas grasas asadas	13,2	19,1	2,3	185
Costillas magras estofadas	20,9	30,0	2,5	239
Costillas magras asadas	22,1	31,6	2,8	247
Costillas magras fritas	11,3	23,0	3,1	224
Cuello estofado	50,0	26,6	6,8	220
Hígado cocido	10,5	—	13,0	410
Lengua estofada	11,4	13,2	3,4	196
Pierna asada	8,3	18,0	3,1	223
Riñón frito	16,6	6,7	14,5	433
Sesos cocidos	10,8	17,8	2,2	339

ALIMENTO	Calorías por 100 g	Gramos por 100 g de alimento		
		Prótidos	Lípidos	Grasas
TERNERA				
Callos cocidos	99	18,0	3,4	—
Costillas fritas	296	27,5	20,1	4,4
Filete asado	232	30,5	11,5	—
Hígado cocido	167	20,7	7,0	4,7
Hígado frito	237	26,5	13,3	3,7
Lengua estofada	190	15,9	14,8	0,1
Riñón cocido	102	15,4	4,8	—
Riñón frito	182	14,8	15,3	—
Sesos cocidos	115	10,3	8,3	0,8
Solomillo asado	192	28,3	8,5	3,2
Solomillo frito	268	23,8	20,1	—
VACA				
Bistec frito	273	20,4	20,4	—
Hígado frito	229	26,0	9,1	9,5
Lengua cocida	239	19,3	15,3	0,5
Sesos cocidos	126	10,4	9,2	—
Solomillo asado	214	25,3	12,1	1,0
Solomillo frito	279	19,1	23,2	—
EMBUTIDOS				
Butifarra fresca	150	9,8	13,4	—
Chorizo natural	614	13,6	70,2	—
Chorizo frito	560	19,6	60,8	—
Morcilla cocida	335	13,7	29,1	15,3
Morcilla frita	453	13,9	42,9	15,9
Salchicha cocida	360	16,5	28,6	7,0

ALIMENTO	Miligramos por 100 g de alimento			
	Calcio	Magnesio	Hierro	Fósforo
TERNERA				
Callos cocidos	12,4	7,9	1,6	132
Costillas fritas	11,5	21,5	2,8	283
Filete asado	14,3	27,6	2,5	355
Hígado cocido	19,0	20,1	12,0	350
Hígado frito	9,3	23,8	19,0	480
Lengua estofada	16,0	12,0	2,5	172
Riñón cocido	10,4	16,4	8,3	192
Riñón frito	10,4	14,2	12,2	203
Sesos cocidos	13,0	13,3	2,0	340
Solomillo asado	12,1	30,0	3,3	252
Solomillo frito	7,9	31,0	2,6	265
VACA				
Bistec frito	5,2	24,8	6,0	257
Hígado frito	8,8	23,0	9,8	512
Lengua cocida	21,0	26,2	3,0	206
Sesos cocidos	16,0	13,3	1,5	355
Solomillo asado	9,0	23,0	2,8	210
Solomillo frito	8,0	24,8	4,7	222
EMBUTIDOS				
Butifarra fresca	10,0	—	—	—
Chorizo natural	—	—	—	—
Chorizo frito	—	—	—	—
Morcilla cocida	22,0	18,1	12,0	92
Morcilla frita	28,0	17,6	24,9	28,1
Salchicha cocida	14,0	12,1	2,6	123

ALIMENTO	Calorías por 100 g	Gramos por 100 g de alimento		
		Prótidos	Lípidos	Grasas
Salchicha frita	326	13,4	29,3	12,7
Salchicha Frankfurt	248	14,0	20,0	2,0
Salchichón	430	20,3	36,7	0,1
AVES				
Capón asado	238	22,7	18,6	—
Codorniz estofada	230	18,5	19,1	—
Faisán estofado	250	28,6	17,2	—
Faisán asado	256	30,8	14,3	—
Gallina asada	194	30,1	7,1	—
Ganso asado	322	24,0	26,1	—
Hígado de pollo cocido	241	28,3	12,1	3,4
Paloma estofada	212	24,5	13,2	—
Paloma asada	212	26,9	10,4	1,2
Pato asado	296	22,8	23,6	—
Pavo asado	200	27,1	12,1	—
Perdiz asada	217	35,2	8,8	—
Perdiz estofada	218	36,1	9,6	—
Pollo cocido	186	25,8	9,1	0,2
Pollo asado	189	27,3	9,2	—
CAZA				
Ciervo asado	26,0	33,4	4,9	276
Conejo asado	10,9	21,2	1,9	190
Conejo estofado	11,3	21,7	2,0	200
Corzo asado	19,1	26,4	7,3	274
Jabalí asado	—	—	—	—
Liebre asada	28,2	30,0	9,8	337
Liebre estofada	20,7	22,2	10,8	248

ALIMENTO	Miligramos por 100 g de alimento			
	Calcio	Magnesio	Hierro	Fósforo
Salchicha frita	15,0	14,9	2,8	161
Salchicha Frankfurt	6,0	—	1,2	50
Salchichón	10,0	—	3,6	260
AVES				
Capón asado	18,1	24,4	3,3	295
Codorniz estofada	—	—	—	—
Faisán estofado	46,2	33,1	7,8	294
Faisán asado	49,3	35,0	8,4	308
Gallina asada	14,0	—	1,3	240
Ganso asado	10,4	30,8	4,6	267
Hígado de pollo cocido	20,0	—	8,0	297
Paloma estofada	17,6	31,2	9,8	352
Paloma asada	16,3	36,8	19,4	404
Pato asado	19,0	23,9	5,8	231
Pavo asado	38,3	28,2	4,6	360
Perdiz asada	45,8	36,0	7,7	303
Perdiz estofada	51,3	37,1	8,1	316
Pollo cocido	12,0	26,4	1,9	187
Pollo asado	14,7	23,0	2,3	260
CAZA				
Ciervo asado	26,0	33,4	4,9	276
Conejo asado	10,9	21,2	1,9	190
Conejo estofado	11,3	21,7	2,0	200
Corzo asado	19,1	26,4	7,3	274
Jabalí asado	—	—	—	—
Liebre asada	28,2	30,0	9,8	337
Liebre estofada	20,7	22,2	10,8	248